Mes Enfants Sont Amis Avec Jésus

Jean 15:15 « Je ne vous appelle plus serviteurs…
Je vous ai appelés, amis. »

Gabriel Marcelin

Copyright © 2025 par **Gabriel Marcelin**
Mes enfants sont amis avec Jésus.
Tous droits réservés.

Ce livre est protégé par les lois sur le droit d'auteur des **États-Unis d'Amérique et du Canada,** ainsi que par les traités internationaux applicables. Aucune partie de cette publication ne peut être copiée, enregistrée ou transmise, sous quelque forme que ce soit: électronique ou mécanique, sans l'autorisation écrite préalable de l'auteur, à l'exception de courtes citations utilisées dans des comptes rendus ou des articles.

L'autorisation sera accordée sur demande. Sauf indication contraire, les citations bibliques sont tirées de la *King James Version*. Copyright ©1982, 1984, Thomas Nelson, Inc. Utilisé avec permission. Tous droits réservés. Les passages bibliques signalés NIV proviennent de la *HOLY*

BIBLE, NEW INTERNATIONAL VERSION, © 1973, 1978,

1984 International Bible Society, utilisés avec la permission de Zondervan.

Ce livre est une œuvre de non-fiction. Toute référence à des événements historiques, à des personnes réelles ou à la Bible est exacte dans la mesure du meilleur savoir de l'auteur.

La Citoyenneté de la Parentalité Chrétienne : écrit et édité par **Gabriel Marcelin**

Références bibliques :

Sauf mention contraire, les citations bibliques sont extraites de **la** *Sainte Bible, New International Version® (NIV®).*

Copyright © 1973, 1978, 1984, 2011 Biblica, Inc.

Utilisé avec permission. Tous droits réservés dans le monde entier.

Toutes les idées, histoires et enseignements de ce livre sont originaux et rédigés par Gabriel. Un grand merci aux éditeurs qui ont soutenu le processus de raffinement, en veillant à la clarté et à la qualité, sans altérer le cœur du Royaume de Dieu.

Publié par: heavenlycitizen.shop

www.heavenlycitizen.shop

Contacte: heavenlycitizenshop@gmail.com

ISBN (Paperback): 978-1-0696534-4-4
ISBN (Hardcover): 978-1-0696534-2-0
ISBN (Ebook): 978-1-0696534-3-7

Dédicace

Jésus a dit :

« **Le Royaume des cieux** appartient à tout enfant. »

À tous les enfants du monde.

À ceux qui connaissent déjà **Son amour**, et à ceux qui attendent encore de le DÉCOUVRIR pour la toute première fois.

Puissiez-vous grandir dans **la foi** et marcher toujours plus près de Lui.

À ceux qui commencent seulement leur **chemin de foi**, en **lisant** ce livre et en apprenant à **connaître Jésus** : c'est un premier pas essentiel vers la rencontre du plus **grand ami** que vous n'aurez jamais.

À chaque enfant **sans maman ni papa** : tu n'es pas oublié. Dieu **te voit**, il connaît **ton nom** et t'aime plus que tu ne le penses.

Tu es **son enfant précieux, et jamais** il ne t'abandonnera.

Souviens-toi toujours de ceci :

Tu es **aimé**.

Tu es **choisi**.

Tu n'es **jamais seul**.

Jésus est avec **toi** et Il t'appelle **son ami**.

Avec amour et prières, nous te souhaitons une belle lecture.

De la part de : **Gabe Jr., Esaïe, Gershom et Olivia**

Table des Matières

Introduction 1

Chapitre Un: Mes enfants sont amis avec Jésus 4

Chapitre Deux: Montrer le respect envers les parents. 16

Chapitre Trois: Je parle honnêtement, car je suis un ami
de Jésus: J'aime Noël 26

Chapitre Quatre: Comment parles-tu à Jésus ?: Ma prière
Et mes pensées apprennent à prier 36

Chapitre cinq : Mes enfants sont à Jésus: Jésus aime tous
Les enfants : bénédictions générationnelles 48

Chapitre Six: As-tu un esprit humble?: As-tu le cœur
rempli d'amour pour les autres ?... 60

Chapitre Sept: Mon papa est un 68W, un soldat qui
guérit: Papa sera à la maison pour Noël 68

Chapitre Huit: Bienvenue dans la famille de Dieu,
mes amis: Beaucoup de mères héroïques venues de loin :
mamans chrétiennes 78

Chapitre Neuf: Tu es un bon enfant : écoute comme Jésus . 88

Chapitre Dix: La foi des enfants en Jésus 100

Chapitre Onze: Pourquoi Jésus aime les enfants :
nous sommes ses amis 112

Chapitre Douze: L'amour des grands-parents:
Pourquoi le respect est-il si important ? 122

Chapitre Treize: Ma maison est un lieu de guérison:
Que signifie être un enfant chrétien ? 138

Chapitre Quatorze: Que ferait Jésus ?:
La morale du bien et du mal 152

Chapitre Quinze: Des millions d'enfants n'ont
jamais entendu parler de Jésus... 164

Chapitre Seize: Le prénom de ma cousine est Olivia F.,
une amie de Jésus: Connais-tu la signification de
ton prénom ? 178

Chapitre Dix-Sept: La Bible est une grande
bibliothèque de l'amour de Dieu 192

Chapitre Dix-Huit: D'où vient Jésus ? Pourquoi
Jésus est-il venu?:.. 216

Introduction

Savais-tu que **des millions d'enfants** dans le monde entier n'ont jamais entendu parler de **Jésus** ni lu **une seule page à son sujet ?**

Chaque chapitre de ce livre rappelle qu'aucun enfant **n'est oublié** ni considéré comme trop jeune pour être utilisé **par Dieu**.

Jésus a dit : « **Laissez venir à moi les petits enfants**, et ne les empêchez pas ; car **le Royaume des cieux** est pour ceux qui leur ressemblent. » (Matthieu 19:14)

Cela signifie que **toi et moi** avons la mission de leur parler du plus grand Ami qui n'a jamais vécu. Ils ne savent pas encore **combien Jésus les aime**, ni comment Il est **mort** et **ressuscité** pour les sauver. Jésus désire marcher chaque jour avec eux. Et devine **quoi** ? Des enfants comme toi peuvent contribuer à changer cela !

Ce livre est rempli d'histoires d'enfants comme toi :

Des enfants chrétiens avec un grand cœur, une **foi solide**, de la **discipline** et un amour pour Jésus qui brille dans tout ce qu'ils font. Tu découvriras, de maison en maison:

Des amis qui aident les autres avec un grand cœur et se demandent : *« Que ferait Jésus à ma place ? »*

Des familles amies **de Jésus**, où la **prière**, l'amour et la bonté remplissent la maison.

Des enfants qui apprennent **à écouter et à obéir à leurs parents et à leurs** enseignants, adoucissant leur cœur rebelle en suivant les paroles de Jésus.

Des héros, **comme Papa, infirmier de combat** (*68W medic*), qui aident les autres en temps de guerre comme en temps de paix et servent le Christ avec courage.

Des enfants véridiques, **honnêtes**, **courageux** et dignes de **confiance**, parce que Jésus vit dans leur cœur.

Et même la façon dont ta maison peut devenir un lieu de **guérison**, rempli de prière, de **paix et de joie**.

Jésus aime les enfants de toutes races, de tous les pays et de tous les horizons. Lorsque tu le suis par **tes paroles**, **tes actions** et ton cœur, tu deviens une lumière brillante pour le monde, comme une ville située sur une colline, visible de tous. Laisse ta lumière briller en faisant le bien, afin que les autres voient et rendent gloire à Dieu dans les cieux.

Alors viens, lisons ensemble avec Jésus. Sois audacieux. Sois bienveillant. Sois honnête. Sois courageux. Et n'oublie jamais : ton histoire compte pour Jésus.

Chapitre Un
Mes enfants sont amis avec Jésus

Nous appartenons au royaume des ieux, et nous devons ecouter nos parents ou grands-parents.

HEAVENLY CITIZEN

Je m'appelle **Esaïe** et ma famille a un profond amour pour Jésus.

Je suis l'ami de Jésus.

Je suis un enfant, tout comme toi. Je vais à l'école, je joue et j'ai des amis. Mais il y a quelque chose de très particulier en moi : je suis aussi l'ami du Seigneur Jésus.

Tous mes amis ne partagent pas ma foi en Jésus. Certains disent même ne pas croire en Lui du tout. Au début, je me demandais : « *Pourquoi ne voudrait-on pas croire en Celui qui nous aime, nous aide et nous offre la vie éternelle ?* » Puis j'ai compris une chose essentielle : s'ils ne croient pas, c'est tout simplement parce qu'ils ne Le connaissent pas encore.

La Bible dit : « *Comment donc invoqueront-ils celui en qui ils n'ont pas cru ? Et comment croiront-ils en celui dont ils n'ont pas entendu parler* ? » (Romains 10:14). On ne peut pas croire en quelqu'un que l'on ne connaît pas. Voilà pourquoi il est si important pour moi, ainsi que pour mes frères Gabe et Gershom, en tant qu'enfants de Dieu, de faire connaître Jésus à nos amis.

L'histoire de **Jésus** a commencé à **Bethléem**, où Il naquit de Marie et de Joseph, dans une famille simple. Les anges annoncèrent la bonne nouvelle de sa naissance, et des bergers vinrent voir l'enfant qui serait le Sauveur du monde.

En grandissant, Jésus vécut à Nazareth, la ville de son enfance. Là, il y a des frères, des sœurs et des amis. Il apprit à travailler comme fils de charpentier, aidant Joseph avec le bois et les outils. Mais plus que tout, il grandissait en sagesse et en grâce devant Dieu et devant les hommes, se préparant en silence à la mission que Dieu lui avait confiée.

Lorsque le moment fut venu, Jésus se rendit au Jourdain, où son cousin Jean-Baptiste le baptisa. À cet instant, les cieux s'ouvrirent, le Saint-Esprit descendit sur lui comme une colombe, et la voix de Dieu se fit entendre : « Celui-ci est mon Fils bien-aimé, en qui j'ai mis toute mon affection. » (Matthieu 3:17) À partir de là, Jésus commença son ministère.

Le baptême
As-tu déjà été baptisé ?

Le **baptême** est un acte spécial par lequel **un chrétien** est plongé dans l'eau pour montrer qu'il appartient à Jésus. Il signifie que son ancienne vie est effacée et qu'il vit désormais une vie nouvelle en tant qu'enfant de Dieu.

Jésus parcourut la **Galilée**, passant par **Capernaüm** et d'autres villes. Partout où Il allait, Il annonçait la bonne nouvelle **du Royaume de Dieu**, guérissait les malades, apaisait les tempêtes et appelait ses **douze disciples** à le suivre et à apprendre de Lui. Des foules se rassemblaient pour écouter ses paroles, car elles étaient pleines de vérité et d'amour.

À la fin de son temps sur la terre, Jésus conduisit ses disciples au mont des **Oliviers**, près de **Béthanie**. Là, il les bénit, leur promit que le Saint-Esprit viendrait les aider, puis il fut enlevé au ciel :

« *Et, comme ils avaient les regards fixés vers le ciel pendant qu'il s'en allait, voici, deux hommes vêtus de blanc leur apparurent.* » (Actes 1:9)

Ainsi, Jésus, le meilleur ami de tous les enfants, commença son histoire sur la terre dans l'amour et l'acheva par une promesse : il ne nous abandonnera jamais et qu'un jour il reviendra.

Bénir les autres

Quand as-tu béni quelqu'un pour la dernière fois ? Tu te demandes peut-être : « ***Comment puis-je bénir quelqu'un ?*** »

Bénir ne signifie pas toujours offrir un grand cadeau ; cela peut aussi être simple que de partager ce que tu as ou de montrer de la gentillesse. Peut-être as-tu donné la moitié de ton sandwich à un ami qui avait oublié son repas, ou aidé ta petite sœur à ranger sa chambre ou à faire ses devoirs. C'est une bénédiction ! Parfois, un sourire, une étreinte ou une parole d'encouragement vaut autant qu'un objet matériel. Chaque fois que tu aies, partages ou montres de l'amour, tu bénis quelqu'un comme Dieu nous le demande.

Jésus a dit que tous les enfants sont précieux à Ses yeux et qu'Il les appelle Ses amis. Quand nous sommes amis avec Jésus, nous ne sommes jamais seuls. Il marche avec nous, nous écoute et prend soin de chaque aspect de notre vie. Jésus dit encore à Ses disciples : « ***Laissez venir à moi les petits enfants, et ne les empêchez pas ; car le Royaume des cieux est pour ceux qui leur ressemblent.*** » (Matthieu 19:14) Cela signifie que chaque enfant est accueilli dans Sa famille et profondément aimé de Dieu.

Être chrétien, ami de Jésus

Nous sommes trois frères et nous sommes fiers de dire que nous sommes amis de Jésus. Être ses amis, c'est dire que nous sommes aussi appelés **chrétiens**, comme les disciples autrefois.

La Bible dit : « *Ce fut à Antioche que, pour la première fois, les disciples furent appelés chrétiens*. »

(Actes 11:26)

Même le grand apôtre Paul, qui annonçait Jésus partout où il allait, était chrétien. Se dire chrétien, c'est déclarer que nous appartenons à Jésus et que nous désirons vivre comme Lui.

Ce livre nous aidera à lire et à apprendre ensemble le plan de Dieu pour chaque enfant. Jésus a un dessein spécial pour chacun de nous, et Son enseignement nous montre comment aimer, pardonner et vivre dans la joie. Il est l'ami des amis : celui qui ne nous abandonne jamais, qui pardonne toujours et qui promet de demeurer avec nous pour l'éternité. Marcher avec Jésus est la plus belle aventure que nous puissions vivre !

Tous les enfants chrétiens doivent garder un cœur confiant. Tout enfant peut devenir ami de Jésus en croyant en Lui et en plaçant sa confiance dans le fait qu'Il est le Fils de Dieu. Jésus ne cherche pas d'enfants parfaits, mais des cœurs sincères.

Jésus n'éloigne jamais les enfants ; il les attire à Lui. Les enfants sont très précieux à ses yeux, car leur foi est simple, honnête et pleine d'émerveillement. Croire en Jésus, c'est lui faire confiance : croire qu'Il t'aime, qu'Il est mort pour tes péchés et qu'Il veut être ton ami pour toujours. Même si tu ne comprends pas tout, Jésus regarde ton cœur, et c'est cela qui compte le plus.

Jean 15:15 :

« Je ne vous appelle plus serviteurs, parce que le serviteur ne sait pas ce que fait son maître ; mais je vous ai appelés amis, parce que je vous ai fait connaître tout ce que j'ai appris de mon Père. »

Alors des gens amenèrent de petits enfants à Jésus, afin qu'Il leur impose les mains et prie pour leur guérison. Jésus posa ses mains sur eux, guérit et bénit tous les enfants.

Jésus appela tous les enfants, garçons et filles, ses amis, et il dit : « *Ils appartiennent tous au Royaume des cieux*. » Un jour, tous les enfants verront Jésus face à face dans le ciel ; mais pour l'instant, nous devons prier chaque jour, faire le bien les uns envers les autres et être bons envers tous, sans distinction d'origine ni de couleur de peau.

Matthieu 18:5 :

« *Quiconque reçoit en mon nom un petit enfant comme celui-ci, me reçoit moi-même*. »

Lorsque nous faisons preuve de bonté envers d'autres enfants, Jésus nous bénit de manière merveilleuse. Il nous aide à réussir à l'école, à obtenir de bonnes notes et à réaliser nos rêves. De plus, Jésus envoie des messages particuliers à nos parents. C'est pourquoi mes parents prient chaque jour, demandant à Jésus Ses bénédictions et Sa protection pour nous.

Jésus nous enseigne à être aimables et polis envers chacun, quelle que soit son origine ou son apparence. Tous les enfants appartiennent au même Dieu et au même Royaume céleste. Jésus lui-même fut un enfant, et bien qu'il fût rempli de sagesse, il resta toujours doux et plein d'amour envers tous.

Un jour, dans la belle ville de **Jérusalem**, Jésus enseigna au peuple qu'il fallait toujours traiter les autres avec bonté. Cet enseignement est connu dans la Bible sous le nom de **Règle d'or de Dieu** :

« Traite les autres comme tu voudrais être traité : comme un ami, un frère ou une sœur, et non comme un ennemi. »

Si tu es doué en mathématiques et qu'un ami excelle en sciences, vous pouvez vous entraider et renforcer votre amitié ! Chaque enfant a un ange dans le ciel qui le veille. Mon ange observe tout ce que je fais. Voilà pourquoi ma famille se sent bénie : parce que nous suivons l'enseignement de Jésus, qui nous appelle à la bonté envers tous.

Nous faisions de notre mieux pour éviter d'entrer en conflit avec les règles à l'école, sachant que la désobéissance ne ferait que déranger nos parents et les obligerait à quitter leur travail pour assister à des réunions. En agissant mal, nous les aurions détournés de leur devoir : prendre soin de nous et de subvenir à nos besoins à la maison. Au lieu de cela, nous avons appris à faire notre part, en étant responsables et en agissant de manière responsable.

Souviens-toi : traite toujours tous les enfants avec bonté et respect. Ils sont comme des anges et gardent une connexion particulière avec le ciel. Préservons et protégeons l'innocence et la joie de chaque enfant.

Les bénédictions générationnelles
Sais-tu ce que c'est ?

Les bénédictions générationnelles sont de merveilleux dons et faveurs de Dieu, transmis de génération en génération : de nos grands-parents à nos parents, puis à nous. Dieu nous rappelle dans Proverbes 13:22 : « L'homme de bien laisse un héritage aux enfants de ses enfants. »

Ce qui signifie bien plus que des richesses matérielles. Cela inclut le caractère, la foi et un héritage durable. Lorsque tes parents prient, Jésus peut activer des bénédictions dont tous les enfants et petits-enfants profiteront, créant une belle vague de grâce divine au sein de ta famille.

Il y a bien longtemps, dans le beau pays d'Israël, vivait un roi nommé **David**, qui apporta un changement important à la capitale du pays. Il transféra la capitale de Hébron à Jérusalem, où elle demeure encore aujourd'hui. Aimerais-tu la visiter ?

Son fils devint **roi** après lui : c'était le roi **Salomon**, qui bâtit un temple magnifique dans cette ville, où fut déposée **l'Arche de l'Alliance**, une arche sacrée recouverte d'or. C'était un secret divin confié par Dieu à ses fidèles serviteurs, comme le roi David et le roi Salomon, père et fils. Plus tard, le petit-fils de David, le fils de Salomon, Roboam, lui succéda en tant que roi.

Le **roi David** conduisit le peuple de Dieu avec courage, l'enseignant à placer sa confiance en l'Éternel. Il était aussi musicien et jouait de la harpe. Son fils, le roi

Salomon montra son amour pour le peuple en demandant à Dieu la sagesse nécessaire pour rendre des jugements justes et maintenir la nation forte. Puis Roboam, fils de Salomon, devint à son tour roi pour diriger et protéger le peuple. Chacun de ces rois fut choisi pour aimer et prendre soin des enfants de Dieu, montrant ainsi que les vrais dirigeants doivent servir avec bonté et marcher dans les voies de Dieu.

Mais que se passe-t-il si l'on n'écoute pas ses parents ou ses grands-parents ? Observons les rois d'Israël. Le roi David fut courageux et fidèle, rassemblant tout le peuple de Dieu comme une seule famille unie. Son fils, le roi Salomon, fut très sage et riche et bâtit le Temple de Dieu.

Le roi Salomon construisit **un temple magnifique** pour Dieu à Jérusalem, sur le mont Moria. On l'appelait **le Temple de Salomon** ou **le Premier Temple**. Ce temple était très spécial, car c'était l'endroit où tous les enfants de Dieu venaient adorer, prier et offrir des sacrifices. À l'intérieur, tout était fait avec les matériaux les plus précieux : l'or, l'argent et le bois de qualité, car Salomon voulait offrir à Dieu ce qu'il y avait de meilleur. Le temple montrait au peuple que Dieu était avec lui et que sa maison se trouvait au cœur de leur vie.

1 Rois 4:29-30 :

« Dieu donna à Salomon de la sagesse, une très grande intelligence et des connaissances aussi vastes que le sable qui est au bord de la mer. La sagesse de Salomon surpassait la sagesse de tous les fils de l'Orient et toute la sagesse des Égyptiens. »

Mais le fils de Salomon, *le roi Roboam*, refusa d'écouter les sages conseils de son père. À cause de cela, le royaume se divisa en deux, et le peuple ne vécut plus uni ni heureux. Voilà pourquoi tes parents te rappellent d'être sage, d'être bon envers tous, respectueux et reconnaissant : car les choix judicieux fortifient les familles et les amitiés.

Chapitre Deux
Montrer le respect envers les parents

Obéissance dans la famille de Dieu

HEAVENLY CITIZEN

Les enfants doivent faire preuve de respect envers leurs parents.

Il y avait un homme appelé **Paul**, surnommé l'apôtre **Paul**. C'était un écrivain, un penseur brillant et un enseignant qui nous rappelait avec douceur que les enfants doivent obéir à leurs parents en toutes circonstances. Cela signifie écouter attentivement et faire ce que nos parents nous demandent, afin de nous aider à grandir et à apprendre ensemble.

Dieu a donné à nos parents une responsabilité très spéciale : nous guider, nous enseigner et prendre soin de nous. Lorsque nous obéissons à nos parents, nous démontrons que nous avons confiance dans le plan de Dieu pour notre famille. Ce plan comprend le respect de la sagesse et des soins que Dieu a confiés à nos parents.

Obéir à nos parents, ce n'est pas seulement suivre des règles ; c'est bâtir une relation de confiance et d'amour au sein de la famille. C'est ce que Paul écrivit dans la Bible : « Enfants, obéissez en toutes choses à vos parents, car cela est agréable au Seigneur. » (Colossiens 3:20)

L'obéissance comme expression d'amour pour Dieu et mes parents

Quand les enfants obéissent à leurs parents, ce n'est pas seulement pour éviter des ennuis. C'est avant tout pour obéir à Dieu ! Jésus enseigne aux enfants à respecter et à honorer leurs parents, car lorsqu'ils le font, ils suivent le plan de Dieu pour leur vie.

Dans Éphésiens 6:1-3, la Bible promet :

« Enfants, obéissez à vos parents, selon le Seigneur, car c'est juste. Honore ton père et ta mère (*c'est le premier commandement avec une promesse*), afin que tu sois heureux et que tu vives longtemps sur la terre. »

Ainsi, lorsque tu écoutes tes parents, tu ne fais pas seulement leur joie ; tu montres aussi ton amour et ton respect envers Dieu, qui leur a confié la responsabilité importante de prendre soin de toi. Tes parents seront très fiers de toi.

Mes parents sont les représentants de Jésus dans notre maison et sont responsables de veiller sur moi et sur tous les enfants de la famille. Quand je leur obéis, je leur montre du respect et de l'amour. Sans mes parents pour me donner un lit où dormir, une maison sûre où entrer après l'école, de la nourriture à manger et un espace pour jouer, je serais en difficulté. Pour toutes ces choses, je suis reconnaissant et j'aime ma maman et mon papa pour leur travail acharné à s'occuper de moi. À partir de maintenant, je fais le vœu d'écouter et d'obéir à mes parents et de leur dire combien je les aime et les apprécie.

L'obéissance dans la famille de Dieu

L'obéissance aux parents est l'une des premières et des plus importantes leçons de l'enfance. En grandissant, chacun fait face à des situations qui demandent des décisions et des défis à relever. C'est alors que le soutien des parents devient vital. Développer l'habitude d'obéir et de respecter nos parents, dans toutes les situations, pose un fondement solide pour prendre de sages décisions et respecter l'autorité toute la vie.

Ma famille a aussi été le premier endroit où j'ai connu l'amour de Dieu et appris d'importantes leçons auprès de mes parents. Les enseignements de Jésus me guident à respecter mes parents et à suivre la Parole de Dieu. Ainsi, obéir à mes parents fait partie de mon cheminement spirituel et m'apporte de la paix et de la joie.

Le roi **Salomon** dit dans Proverbes 1:8-9 : « Écoute, mon fils, l'instruction de ton père, et ne rejette pas l'enseignement de ta mère ; car c'est une couronne de grâce pour ta tête, et une parure pour ton cou. »

Cela signifie que lorsque tu écoutes les sages conseils de tes parents, c'est comme si tu portais une belle couronne et un collier précieux. De même qu'une couronne rend spéciale, l'enseignement de tes parents embellit ton cœur et ta vie.

La sagesse de tes parents te guidera à faire de bons choix, à rester en sécurité et à devenir une personne bienveillante et sage. Tu recevras aussi la grâce de Jésus pour réussir à l'école. Chaque fois que tu écoutes et apprends d'eux, c'est comme si tu revêtais quelque chose qui te rend lumineux, heureux et beau.

Une conversation en famille

« Sais-tu pourquoi Jésus aime tant les enfants ? » demanda maman en s'asseyant sur le canapé avec mon petit frère **Gershom**. « **Pourquoi** ? » répondit Gershom, les yeux grands ouverts de curiosité.

« Parce que les enfants sont spéciaux pour Jésus. Il aime leur pureté et leur confiance. Il veut que vous soyez proches de Lui, comme nous désirons être proches les uns des autres », dit maman avec un doux sourire. « Jésus est la seule personne au monde qui peut voir dans le cœur et l'esprit de chaque enfant pour savoir combien il est bon. »

« Nous aimons tout le monde ; nous faisons du bien aux autres, n'est-ce pas, maman ? » dit Gershom.

« C'est vrai, mon chéri », répondit-elle. « Dans Matthieu 19:14, Jésus nous dit : *"Laissez venir à moi les petits-enfants, et ne les empêchez pas ; car le Royaume des cieux est pour ceux qui leur ressemblent." Cela inclut toi,* **Gershom**, *et tes frères Gabe et Ésaïe.* »

Papa, lui, est l'enseignant de la famille. Il nous a transmis une leçon tout aussi importante : « Quand nous sommes tristes ou malades, nous devons partager nos pensées avec notre famille. Ainsi, nous pouvons prier ensemble et demander à Jésus la santé et le réconfort. » Maman ajouta : « Dans une bonne famille, il n'y a pas de secrets. Nous devons être ouverts comme un livre rempli d'histoires, afin que nous puissions nous entraider. Gershom sourit, en pensant à tout l'amour et aux soins qui l'entouraient, tant de sa famille que de Jésus.

Ma famille

Ma maman s'appelle **Zipporah**, et mon papa s'appelle **Moïse**. J'ai un grand frère qui s'appelle **Gabe** et un petit frère,

Gershom. Nous sommes une famille heureuse, et même si nous sommes très proches, il y a aussi une autre fille spéciale dans notre famille : ma cousine **Olivia**. Nous l'aimons tellement !

Mon grand-père s'appelle **Faustin**. C'est un homme sage et joyeux, qui aime nous raconter des histoires sur Jésus. Il est prédicateur, un doux serviteur du Christ, qui parle toujours avec tendresse. Il invente constamment de nouveaux jeux pour nous amuser et nous faire rire.

Il nous a raconté qu'autrefois, maman était très malade et qu'il avait prié Jésus pour qu'elle guérisse. Et devine quoi ? Jésus a entendu sa prière et l'a guérie !

Jérémie 33:3 :

« *Invoque-moi, et je te répondrai ; je t'annoncerai de grandes choses, des choses cachées que tu ne connais pas.* »

Jésus, l'Enfant de Dieu

Dès le commencement de sa vie sur la terre, Jésus savait qu'il était le Fils de Dieu. Même enfant, il comprenait que Dieu lui avait confié une mission particulière. Lorsque ses parents le retrouvèrent dans le temple, à l'âge de douze ans, Jésus leur dit : « Ne savez-vous pas qu'il faut que je m'occupe des affaires de mon Père ? » (Luc 2:49). Cela montre que Jésus a toujours placé son Père céleste en premier et qu'il a vécu comme un véritable enfant de Dieu.

Bien que Jésus sache qu'il était le Fils de Dieu, il a montré du respect et de l'obéissance envers ses parents terrestres, Joseph et Marie. La Bible dit : « **Puis il descendit avec eux, alla à Nazareth, et leur était soumis.** » (Luc 2:51).

Cela nous enseigne une leçon précieuse : écouter et honorer nos parents n'est pas une faiblesse, mais une véritable expression d'amour. Jésus nous a montré que respecter nos parents, c'est aussi honorer le plan de Dieu pour les familles.

Jésus aime profondément les enfants

Son amour découle de sa nature et de la mission que Dieu lui a confiée. Les enfants possèdent des qualités qui plaisent à Dieu : l'humilité, l'innocence et la confiance. Lorsque les disciples voulurent empêcher les enfants de s'approcher de lui, Jésus dit :

Marc 10:14 :

« *Laissez venir à moi les petits enfants, et ne les en empêchez pas* ; *car le royaume de Dieu est pour ceux qui leur ressemblent.* »

Jésus aime les enfants parce que leurs cœurs sont sincères et ouverts, prêts à croire et à le suivre.

Jésus a même dit aux adultes d'apprendre des enfants ! Il déclara : « *Je vous le dis en vérité, quiconque ne recevra pas le Royaume de Dieu comme un petit enfant n'y entrera point.* » (Luc 18:17). Que signifie cela ? Les adultes compliquent souvent la vie avec l'orgueil, les soucis et les doutes. Mais les enfants savent faire confiance, se dépendre des autres et rester humbles. Voilà pourquoi Jésus aime tant les enfants : leurs cœurs simples et confiants sont exactement ce que Dieu attend de tous ceux qui Le suivent.

Parce que Jésus aime tellement les enfants, il a adressé un avertissement très sérieux aux adultes quant à la manière dont ils les traitent. Jésus dit que quiconque fait du mal ou détourne un enfant qui croit en Lui commet une faute grave aux yeux de Dieu (Matthieu 18:6). Cela montre à quel point les enfants sont précieux à Dieu. Les protéger, leur enseigner les voies de Dieu et les guider avec amour est une grande responsabilité.

Jésus aime les enfants parce qu'ils reflètent le cœur de sa mission : introduire chacun dans la famille éternelle de Dieu. Tout le monde, enfant comme adulte, est invité à devenir un enfant de Dieu en mettant sa confiance en Jésus. Les enfants nous rappellent comment nous devons tous vivre : faire confiance à Dieu comme à un Père, nous réjouir dans son amour et nous nous sentir en sécurité sous sa protection. Dans le royaume de Dieu, la foi d'un enfant n'est pas insignifiante : elle est l'un des plus grands trésors.

Chapitre Trois

Je parle honnêtement car je suis un ami de Jésus

J'aime Noël !
Et toi, quelle fête préfères-tu

HEAVENLY CITIZEN

J e crois en la vérité, au courage et à la fidélité. Ces qualités sont essentielles pour moi et m'aident à me connecter sincèrement avec les autres.

Jésus enseigne à tous les enfants de dire toujours la vérité à leurs parents, car la vérité purifie nos cœurs et apporte la paix dans nos foyers. Dans la Bible, Jésus dit : Jean 8:32 :

*« **Vous connaîtrez la vérité, et la vérité vous affranchira.** »*

Quand je dis la vérité, je me sens libre au plus profond de mon cœur. Cela me protège et aide mes parents à me faire de plus en plus confiance chaque jour.

Je dis toujours la vérité à papa et à maman, car je suis un enfant de Dieu. Être honnête, c'est faire ce qui est juste. Jésus dit: « **Enfants, obéissez à vos parents, selon le Seigneur, car cela est juste**. » (Éphésiens 6:1)

Obéir et dire la vérité réjouissent le cœur de Jésus. Je sais que Dieu m'a créé beau et lumineux. Je suis intelligent, et je peux accomplir toutes les bonnes choses que Jésus a placées dans mon esprit, Lui qui me fortifie :

« *Je puis tout par celui qui me fortifie.* » (Philippiens 4:13)

Je dis la vérité à la maison, à l'école, à mes amis et à mes frères et sœurs. Mon petit frère Gershom dit toujours la vérité, lui aussi, et nous nous aidons mutuellement à faire ce qui est bien. Quand nous parlons avec honnêteté, nous faisons sourire Jésus, car Il aime les cœurs sincères. Papa m'a montré ce verset :

« *Les lèvres fausses sont en horreur à l'Éternel, mais ceux qui agissent avec vérité lui sont agréables.* » (Proverbes 12:22)

À l'école, personne ne peut m'intimider, me faire du mal ou m'effrayer, car je sais qui je suis. Je suis chrétien ; mes frères, mes amis et moi sommes les amis du Seigneur Jésus. Il m'aime et veille sur moi.

« *L'Éternel est mon aide, je n'aurai point de crainte ; que peut me faire un homme* ? » (Hébreux 13:6)

Alors je reste fort et bienveillant, et j'ignore ceux qui veulent être méchants. Jésus est mon meilleur ami, et il m'apprend à pardonner et à aimer tout le monde, même ceux qui ne sont pas gentils.

Je dirai toujours la vérité, car elle garde mon cœur pur, apporte de la joie à ma famille et me rapproche de mon meilleur ami, Jésus. Je suis fier d'être honnête, car je suis un enfant de Dieu, le Roi de tous ! J'ai de la valeur. Je suis spécial. Je compte beaucoup pour moi-même et pour mon Dieu. Il m'a fait intelligent, rempli de sagesse et capable de comprendre des merveilles.

Je respecte tout ce que Dieu a créé. Quand je regarde le ciel ou que je pense au monde autour de moi, je me souviens que la lumière de Jésus est toujours là. Le monde n'est jamais totalement plongé dans l'obscurité. Le soleil brille toujours quelque part, car la Terre est une grande planète qui tourne autour du soleil. Elle fait un immense voyage circulaire, un tour complet en une année, se déplaçant à très grande vitesse, à environ 40 000 kilomètres par heure ! Quand c'est la nuit ici, c'est le jour de l'autre côté du monde, et une partie de cette lumière se reflète dans notre ciel.

La lune ne produit pas sa propre lumière ; elle reflète celle du soleil. Les étoiles sont très éloignées, et leur lumière traverse l'espace pour nous atteindre. Jésus, le plus sage et le plus aimant, a veillé à ce que nous ayons toujours de la lumière. Et tu sais quoi ? Les enfants partout dans le monde sont comme de petites lumières pour chaque pays, brillantes pour Lui. En tant qu'amis de Jésus, nous sommes comme le soleil qui éclaire l'avenir du monde.

J'aime Noël ! Et toi, quelle fête préfères-tu ?

En 2024, toute ma famille a voyagé à Boston, **Massachusetts, aux États-Unis**, pour célébrer Noël ensemble. Nous sommes tous arrivés à l'aéroport Logan et avons séjourné dans le bel hôtel InterContinental, situé en plein cœur du centre-ville, juste à côté de South Station, un grand carrefour pour les bus, les trains et le métro. La ville était couverte de neige fraîche et magnifiquement décorée pour les fêtes ; des chants de Noël résonnaient partout, comme dans un vrai film de Noël.

L'un des moments forts fut notre visite du **Boston Common** et du **Public Garden**, transformés en un véritable pays des merveilles d'hiver, illuminés de mille lumières. Le **State House**, dressé fièrement sur Beacon Hill, resplendissait dans son décor enneigé. Et au centre se tenait un immense sapin de Noël, un généreux cadeau de la Nouvelle-Écosse, au Canada, scintillant dans la nuit.

Au début, mon petit frère **Gershom** n'était pas content, car il avait froid. Je lui ai donné mes gants pour réchauffer ses mains, puis, une fois réconforté, il a adoré patiner sur le fameux **Frog Pond**, une patinoire au cœur du Common. Entouré de gratte-ciel et de lumières, c'était une expérience magique de Noël à Boston. Des familles du monde entier y étaient réunies, et les enfants patinaient ensemble, partageant des moments joyeux.

Le samedi 28 décembre 2024, nous avons assisté à une représentation de **Casse-Noisette** du Boston Ballet à l'Opera House. C'était féerique, comme entrer dans un conte, créant un souvenir inoubliable pour toutes les familles. Bien sûr, nous n'avons pas manqué le **Faneuil Hall Marketplace**, où nous avons goûté de délicieux plats, parfaits pour se réchauffer après une journée glaciale. C'était l'endroit préféré de Gershom : il aimait tellement la nourriture qu'il ne voulait y retourner que pour l'ambiance chaleureuse et les mets savoureux.

Pendant nos découvertes à Boston, nous avons rencontré des enfants venus passer les fêtes. Nous venions de **Montréal, au Québec**, et eux de **Jacksonville, en Floride**. C'était spécial et émouvant de voir qu'ils étaient eux aussi amis de Jésus, comme nous. Nous avons partagé une expérience magique en montant à bord du **Polar Express**, un petit train qui nous donnait l'impression de plonger dans un livre d'histoires enchantées.

Une famille élargie en Christ

Jésus dit:

Mes brebis entendent ma voix ; je les connais et elles me suivent. » (Jean 10:27)

C'est ainsi que nous avons reconnu tout de suite que nos nouveaux amis, Cherline, Nadia, Tyler, Jeremiah, Eliada et Angels, étaient également chrétiens. Nous avions le même âge et tant de choses en commun. Comme tous les enfants chrétiens, nous croyons en Jésus-Christ comme Sauveur et Ami.

Nous apprenons à dire la vérité, à être bons, à pardonner et à tenir notre parole.

« *Ta parole est une lampe à mes pieds, et une lumière sur mon sentier.* » (Psaume 119:105)

Nous chantons les mêmes chants de louange, nous prions ensemble, nous jouons et célébrons les grandes fêtes comme Noël et Pâques, telles qu'une grande famille en Christ.

Chers Papa et Maman,

Je tiens à vous remercier sincèrement de nous avoir emmenés à Boston pour ce merveilleux voyage *à l'occasion de Noël 2024*. C'était vraiment l'un des plus beaux Noëls de notre vie, et nous en garderons toujours un souvenir précieux.

Dès notre arrivée à l'aéroport Logan et notre installation au magnifique hôtel InterContinental, en plein centre-ville, tout avait l'air d'un vrai film de Noël. La neige, les lumières, l'immense sapin offert par la Nouvelle-Écosse sur le **Boston Common** et le patinage au *Frog Pond ont rendu ces moments magiques.*

Merci de nous avoir donné des gants chauds à partager avec Gershom et d'avoir veillé à ce que nous soyons heureux et confortables, même quand il faisait froid !

J'ai adoré assister au ballet **The Nutcracker à l'Opéra House**, comme un véritable conte de fées devenu réalité. Et je n'oublierai jamais combien nous nous sommes régalés de délicieux plats au **Faneuil Hall Marketplace** (le lieu préféré de Gershom !), ni la joie de monter à bord du **Polar Express** avec nos nouveaux amis venus de Jacksonville, en Floride.

Grâce à vous, nous pouvons chaque année créer de nouveaux souvenirs, rencontrer d'autres enfants chrétiens qui partagent notre amour pour Jésus et célébrer Noël ensemble, en famille. Nous sommes reconnaissants de votre exemple qui nous enseigne à aimer, à partager et à suivre Jésus partout où nous allons.

Même s'il faisait froid, nous avons aimé les restaurants chaleureux et même... les glaces, comme toi, Maman ! Tu rends chaque voyage inoubliable grâce à ton amour et à ton rire.

Merci pour tout ce que vous avez fait pour que ce ***Noël soit vraiment unique***. Je me sens tellement béni et fier de vous avoir pour parents. Je vous aime de tout mon cœur, et je rends grâce à Dieu pour vous chaque jour.

Chapitre Quatre

Comment parles-tu à Jésus ?

Ma prière et mes pensées, apprendre à prier

HEAVENLY CITIZEN

Bonjour, mon cher ami !

Connais-tu un garçon nommé **Job** ? C'était un élève de mon école l'année dernière, et il aime beaucoup parler à Jésus. Chaque matin, dès son réveil, il murmure une prière. Avant de déjeuner, il remercie Jésus pour la nourriture. Même en rentrant à la maison avec son sac plein de livres, il parle à Jésus dans son cœur, comme à un meilleur ami.

Je m'appelle **Ésaïe** et tu connais déjà le nom de mon petit frère, **Gershom**. Nous avons discuté avec Job de ce que cela signifie de parler à Jésus. Au début, nous pensions que c'était seulement une question de foi : croire en quelque chose sans le voir.

Mais Job nous a demandé si nous connaissions « le plus grand commandement de la Loi de Dieu ». Mon frère et moi avons répondu : « Être sauvé et aller au ciel pour toujours. » Mais Job a dit : « ***Non*** ! »

Il nous a expliqué que la réponse était bien plus grande que cela : tout enfant doit connaître la plus grande loi du Seigneur :

« Tu aimeras le Seigneur, ton Dieu, de tout ton cœur, de toute ton âme et de toute ta pensée. » (Matthieu 22:37)

Il a ajouté qu'il priait pour tout ce qu'il portait dans son cœur ; il est le meilleur ami de Jésus.

Job aime aussi lire des bandes dessinées et dessiner ses propres personnages. Lui et moi étions les seuls enfants chrétiens de notre classe, alors nous partagions souvent des histoires sur Jésus et nous priions l'un pour l'autre. Job m'a appris qu'on peut parler à Jésus n'importe où, n'importe quand, et qu'Il écoute toujours :

« Quand les justes crient, l'Éternel entend, et Il les délivre de toutes leurs détresses. » (Psaume 34:17)

Job m'a aussi confié un secret précieux : Jésus aime quand tu lui parles de ton cœur ! Tu n'as pas besoin d'être adulte, ni professeur, ni pasteur. Tu peux simplement être toi, un enfant intelligent et gentil, et Jésus écoutera chaque mot que tu diras.

« *Gloire à Dieu dans les lieux très hauts, et paix sur la terre parmi les hommes qu'Il agrée* ! » (Luc 2:14)

Quand Jésus avait douze ans, il alla avec ses parents à une fête, comme ils en avaient l'habitude.

« Tous ceux qui l'entendaient étaient frappés de ses réponses et de son intelligence. » (Luc 2:42-47)

Même enfant, Jésus aimait parler des lois de Dieu et enseigner la vérité exactement comme mon ami Job. Et toi aussi, tu peux lui parler dans tes prières.

Que veux-tu dire à Jésus aujourd'hui ?

Peut-être aimerais-tu lui dire : « *Bonjour !* », « **Merci pour ma famille** », ou encore « **Aide-moi à réussir mon examen d'école** ». *Tu peux aussi lui* demander de guérir une personne malade que tu connais.

Souviens-toi : **Jésus est notre guérisseur, et Il entend chaque prière du cœur des enfants.** Il sera toujours heureux de t'écouter.

Mon ami Job m'a partagé ce merveilleux secret : prends une grande respiration, souris et dis :

« Je suis un enfant de Dieu et un ami de Jésus. Nous sommes merveilleusement créés à son image. »

Puis je prie ainsi :

Bonjour Jésus,

Merci de m'aimer si fort.

Merci de m'avoir créé intelligent et gentil.

Merci pour mes bons amis et mes enseignants bienveillants. Bénis mes parents et tous les enfants du monde. Je prie au nom de mon ami Jésus. **Amen.**

Se faire de nouveaux amis pour Jésus

Esther vient de Cisjordanie, plus précisément de **Silo**, une ville située au nord de Jérusalem, en Israël. Elle est venue ici, bébé, avec ses parents. Esther a de longs cheveux magnifiques et un doux sourire, mais elle est très timide et reste souvent seule. Mon frère et moi avons décidé de l'aider à se sentir moins isolée. Nous lui avons montré comment prier en silence dans son cœur et l'avons invitée à s'asseoir avec nous à l'heure du déjeuner. Avec le temps, Esther s'est ouverte et est devenue notre amie.

Aujourd'hui, Esther aime rire et partager avec nous des histoires de sa foi. Elle nous a confié qu'elle a un meilleur ami dans son cœur : Jésus. Elle dit que Jésus est le meilleur ami qu'on puisse avoir, parce qu'Il ne dit jamais : « **Je suis trop occupée** » ou « **Je ne peux pas** ». Il écoute toujours avec amour.

Et toi ? As-tu déjà pensé à ce que tu voudrais dire à Jésus en ce moment ? Murmure-le ou dis-le doucement dans ton cœur ; il entendra chaque mot !

Questions pour toi et tes amis de Jésus.

Qu'as-tu dit à Jésus, dans ton cœur, à l'instant ?

1. Comment te sens-tu après l'avoir parlé ?
2. Quand aimes-tu le plus parler à Jésus : le matin, avant de dormir, quand tu es heureux ou triste ?
3. As-tu un endroit spécial où tu aimes prier ?
4. Que penses-tu que Jésus réponde à tes prières ?
5. Comment peux-tu aider un ami timide, comme Ésaïe et Gershom ont aidé Esther ?
6. Quelle est la chose pour laquelle tu veux remercier Jésus aujourd'hui ?
7. Sais-tu où se trouve Jérusalem ?
8. Connais-tu la signification de ton prénom ?

Jésus est juste et plein de bonté

Il reconnaît toutes les bonnes choses que tu fais et l'amour que tu lui montres en aidant les autres. « Car Dieu n'est pas injuste, pour oublier votre travail et l'amour que vous avez montré pour Son nom, ayant rendu et rendant encore des services aux saints. » (Hébreux 6:10)

Gershom m'a un jour partagé ce secret ! Je l'ai essayé quand je m'ennuyais en classe ou que je me trouvais dans un endroit qui ne me plaisait pas. Il priait en silence, assis en classe. Quand il ne pouvait pas parler à voix haute, il parlait à Jésus dans son esprit.

Et toi aussi, tu peux le faire, n'importe où, n'importe quand !

Jésus écoute toujours.

Quand tu aides ton ami à faire ses devoirs, tu montres la bonté de Jésus.

Quand tu partages tes jeux avec ton petit frère Gershom, tu fais sourire Jésus.

Quand tu pardonnes à quelqu'un qui t'a blessé, tu fais Jésus très fier de toi !

Être aimable et plein d'amour témoigne que tu es un véritable ami de Jésus. Il se réjouit de te voir prendre soin des autres.

À la maison, tu peux aider tes parents sans attendre qu'ils te le demandent. Tu peux ranger ta chambre, ramasser tes jouets, mettre la table pour le dîner ou laver la vaisselle. Tu peux être doux avec ton petit frère ou ta petite sœur. Tu peux partager ton jouet préféré ou leur lire une histoire.

Quand tu fais ces choses, tu montres l'amour de Jésus à toute ta famille ! Et devine quoi ? Chaque mot gentil que tu prononces et chaque geste d'amour que tu poses remplissent ta maison de joie et rapprochent tout le monde.

Jésus dit :

« *Soyez bons les uns envers les autres, compatissants, vous pardonnant réciproquement, comme Dieu vous a pardonné en Christ.* » (Éphésiens 4:32, LSG 1910)

Souviens-toi : chaque fois que tu choisis la bonté et le pardon, tu fais briller la lumière de Jésus dans ta famille et auprès de tous ceux que tu rencontres ! Car les chrétiens sont la lumière du monde.

Jésus a dit que nous sommes la lumière du monde, car Il veut que nous brillions par la bonté, l'amour et la justice.

Comme une lampe éclaire une pièce sombre, nos paroles et nos actions peuvent aider les autres à trouver le bon chemin, à se sentir aimés et à découvrir Dieu. Être lumière, c'est montrer au monde à quoi ressemble l'amour de Dieu.

Vrai ou faux : JÉSUS EST TOUT LA VÉRITÉ ?

« *Tu ne porteras point de faux témoignage contre ton prochain.* » (Exode 20:16)

Cela signifie que nous devons toujours dire la vérité et ne pas mentir à propos des autres. Quand nous parlons avec sincérité, nous réjouissons Jésus. Quand nous mentons, cela nous fait de la peine. Jésus nous enseigne que dire la vérité est essentiel, car **Il est lui-même la vérité.**

Jean 14:6 : Jésus dit :
« *Je suis le chemin, la vérité et la vie.* »

Donc, quand nous disons la vérité, nous marchons sur le chemin de Jésus.

« Les lèvres fausses sont en horreur à l'Éternel, mais ceux qui agissent avec vérité lui sont agréables. » (Proverbes 12:22)

Cela veut dire que Dieu n'aime pas le mensonge. Mais quand nous disons la vérité, il est si heureux ! Dans ma famille, nous suivons Jésus en disant toujours la vérité, même quand c'est difficile. Nous savons que Jésus connaît déjà tout ce qu'il y a dans nos cœurs, donc il vaut mieux être honnêtes dès le départ.

Dire la vérité avec amour nous rend plus forts et nous rapproche du Christ, tête du corps. Nous apprenons à dire la vérité non pas pour blesser, mais pour aider. Ainsi, nous grandissons comme un arbre, solide grâce à l'eau et à la lumière du soleil.

La Bible dit :

« *Ne mentez pas les uns aux autres, vous étant dépouillés du vieil homme et de ses œuvres.* » (Colossiens 3:9)

Cela signifie que lorsque nous appartenons à Jésus, nous apprenons à vivre de manière nouvelle et sincère. Nous ne voulons pas être comme Ananias et Saphira, qui vendirent un terrain et prétendirent donner tout l'argent à l'Église, mais en gardèrent une partie pour eux. (Actes 5:3)

Ils mentirent et eurent de graves ennuis parce qu'ils n'avaient pas dit la vérité. Nous pouvons choisir d'être courageux et honnêtes, même si cela nous fait parfois un peu peur.

La vérité rend libre et fort

Et toi ? Que ferais-tu si tu découvrais une vérité susceptible de mettre quelqu'un en difficulté ?

Si tu vois quelque chose de mal et que tu ne dis pas la vérité, quelqu'un pourrait en souffrir. Nous devons apprendre à être honnêtes et sages. Jésus veut que les enfants réfléchissent avant de parler et qu'ils ne parlent pas trop, que ce soit à l'école ou à la maison. Cela s'appelle **la sagesse**, et c'est un don spécial de Dieu. Si nous parlons trop ou si nous mentons, les autres ne croiront plus nos paroles quand nous en aurons vraiment besoin.

Quand tu es ami de Jésus, tu dois Lui dire la vérité, ainsi qu'à tes parents. Tu peux leur faire confiance, car ils t'aiment et veulent t'aider. Dans ma famille, nous nous disons toujours la vérité.

Un jour, mon grand frère **Gabe** a dit à mes parents que **Gershom** avait besoin d'aide pour ses devoirs de mathématiques. Gershom avait honte de demander et voulait le cacher, car il savait que ses deux grands frères étaient forts en maths. Mais Gabe savait que dire la vérité aiderait Gershom.

Papa et maman ont alors demandé aux grands frères de vérifier ses exercices et de l'aider à améliorer ses notes.

Jésus dit :

« *Celui qui retient ses paroles connaît la science, et celui qui a l'esprit calme est un homme intelligent.* » (Proverbes 17:27)

Quand papa a su la vérité, il a agi tout de suite. Au lieu d'aider Gershom seulement à table, il l'a emmené dehors, dans les bois, près de la rivière. Papa avait compris que Gershom était un **apprenant visuel** : il avait besoin de voir, de toucher et de ressentir pour comprendre. Comme Jésus nous connaît parfaitement, papa a su exactement comment l'aider.

Et toi ? Comment apprends-tu le mieux ? Es-tu visuel comme Gershom, ou préfères-tu écouter, lire, écrire ou faire des activités pratiques ?

Mon frère Gabe et moi, nous apprenons facilement de toutes les manières (on dit que nous sommes des apprenants **VARK**). Et toi, quel est ton style d'apprentissage ?

Gershom est très chanceux ! Son papa est enseignant, sa maman est brillante, et ses frères sont **VARK**, ce qui signifie qu'ils peuvent apprendre de plusieurs façons : par les images, l'écoute, la lecture, l'écriture et les expériences. Avec une famille comme la sienne, apprendre est toujours une joie pour lui !

Mais si ta famille n'est pas toujours disponible pour t'aider, ne t'inquiète pas : dans chaque école, il existe des programmes de tuteurs pour soutenir les élèves. Demande à ton professeur de t'inscrire. Il n'y a aucune honte à avoir besoin d'aide ! Contrairement à Gershom, qui voulait cacher ses difficultés, Jésus nous encourage à chercher l'aide dont nous avons besoin, tout en aidant les autres.

Après avoir appris la nature avec papa, les mathématiques n'ont plus jamais posé de problème à Gershom. Il est même devenu le meilleur de sa classe ! Papa avait rendu les maths vivantes : Gershom pouvait sentir les fleurs, compter les cailloux, diviser les bâtons. Et moi, Jésus m'a donné la capacité d'apprendre vite, alors j'aide aussi mon frère dans son travail. Nous avons notre petit programme après l'école, où nous grandissons et apprenons ensemble.

Dire la vérité : un trésor pour chaque enfant

Dire la vérité est une compétence précieuse que chaque enfant doit apprendre. Mon frère et moi nous faisons confiance, car nous savons que nous nous disons toujours la vérité.

Et toi ? Dis-tu toujours la vérité à tes parents et à tes amis ? Ta famille et toi, êtes-vous amis de Jésus ?

Souviens-toi : quand tu dis la vérité, tu rends Jésus heureux et montres que tu es Son ami spécial, courageux et honnête.

CHAPITRE CINQ

Mes enfants sont à Jésus

Jésus aime tous les enfants, bénédictions générationnelles

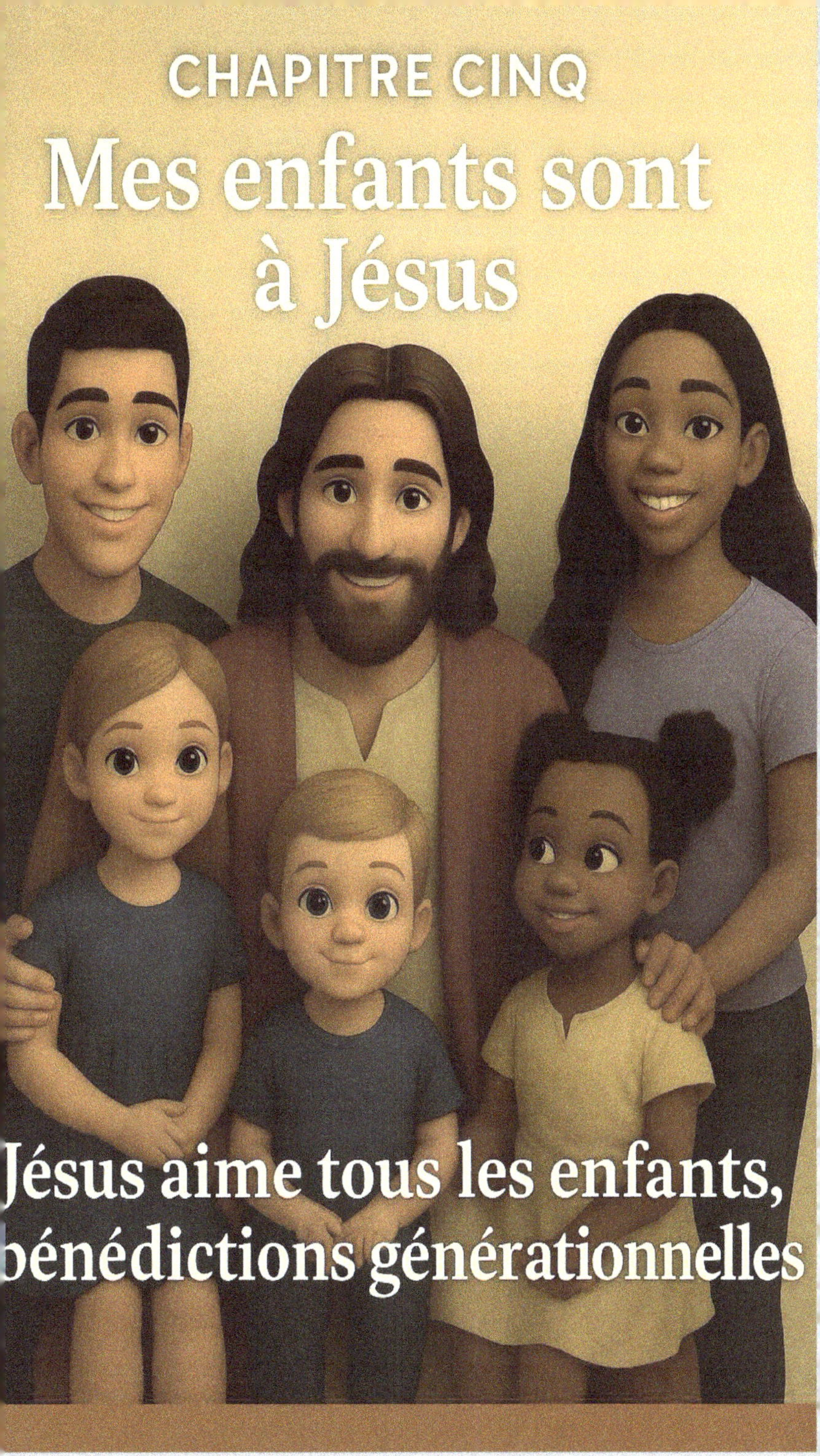

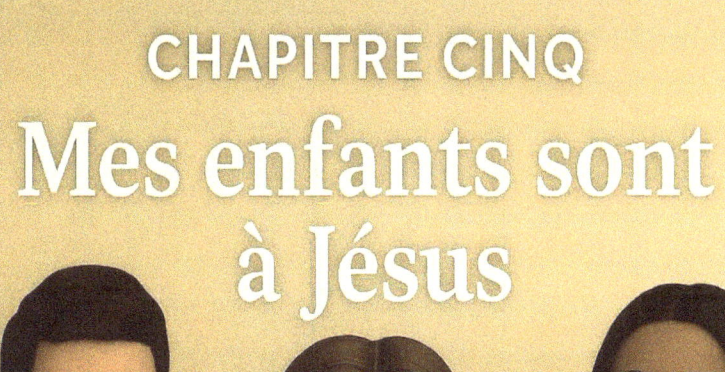

HEAVENLY CITIZEN

My children belong to Jesus.

Jesus Loves All Children

Il y avait une famille qui aimait Jésus. Elle priait, riait, voyageait et se soutenait mutuellement. Chaque jour, elle parlait de la façon dont Jésus était spécial pour elle et de la manière dont Il était son ami.

Alors, on amena de petits enfants à Jésus, afin qu'Il leur impose les mains et qu'Il prie pour eux. Mais Jésus dit : « Quiconque reçoit en mon nom un de ces petits enfants, me reçoit moi-même ; et quiconque me reçoit, ne me reçoit pas moi-même, mais Celui qui m'a envoyé. » (Marc 9:37)

Puis, après leur avoir imposé les mains, il les bénit et continua son chemin.

Jésus appelle tous les enfants, garçons et filles, ses amis, et il dit qu'ils appartiennent tous au Royaume des cieux. Un jour, tous les enfants verront Jésus en personne au ciel. Mais pour l'instant, nous devons prier chaque jour, faire le bien autour de nous et être aimables avec tout le monde, peu importe son origine.

Jésus a dit:

« *Et quiconque reçoit en mon nom un enfant comme celui-ci, me reçoit moi-même.* » (Matthieu 18:5)

Quand nous montrons de la bonté envers les autres enfants, Jésus nous bénit de façon merveilleuse. Il nous aide à bien travailler à l'école, à obtenir de bonnes notes et à réaliser nos rêves. Et Jésus envoie aussi des messages spéciaux à nos parents. C'est pourquoi mes parents prient chaque jour, demandant à Jésus sa bénédiction et sa protection pour nous.

Jésus enseigne aux enfants à faire le bien envers les autres, quels qu'ils soient et d'où qu'ils viennent. Chaque enfant chrétien fait partie du Royaume des cieux. Dès son enfance, Jésus était brillant : il était sage, doux, respectueux et rempli d'amour pour autrui. Il parlait souvent de son Père céleste, témoignant à la fois de respect et de dévotion, tout en honorant ses parents terrestres.

Son désir était que le monde entier grandisse dans l'amour et la bonté mutuelle. En même temps, il voulait que nous recherchions la connaissance et la compréhension du Royaume de Dieu, afin que nous puissions vivre avec sagesse, compassion et vérité.

Si tu es doué en mathématiques et qu'un ami est excellent en sciences, vous pouvez vous entraider et renforcer ainsi votre amitié !

Chaque enfant a un ange dans le ciel qui le veille. Mon ange observe tout ce que je fais. C'est pourquoi ma famille se sent bénie : nous suivons les enseignements de Jésus en montrant de la bonté à tous.

Souviens-toi

Traite toujours les enfants avec gentillesse et respect. Ils sont comme des anges et gardent un lien spécial avec le ciel. Valorisons et protégeons l'innocence et la joie de chaque enfant.

Les bénédictions générationnelles

Il y a bien longtemps, dans le beau pays d'Israël, il y avait un roi nommé **David**. Il changea la capitale du pays, passant d'Hébron à Jérusalem. Son fils, le roi **Salomon**, lui succéda et fit construire un magnifique temple dans cette ville, où l'Arche de l'Alliance, un coffre sacré recouvert d'or, était conservée.

C'était un secret divin confié par Dieu à Ses fidèles serviteurs, tels que le roi David et le roi Salomon, père et fils. Plus tard, le petit-fils de Salomon, **Roboam**, devint roi à son tour.

Mais que se passe-t-il si nous n'écoutons pas nos parents ou nos grands-parents ?

Regardons les rois d'Israël : le roi David était courageux et fidèle ; il rassembla tout le peuple de Dieu en une seule grande famille. Son fils Salomon fut sage et riche et bâtit le Temple de Dieu. Mais plus tard, il fit de mauvais choix qui détournèrent son cœur de Dieu.

Son fils, **le roi Roboam**, n'écouta pas les sages conseils de son père. À cause de cela, le royaume fut divisé en deux parties, et le peuple ne vécut plus dans l'unité ni dans la joie.

C'est pourquoi tes parents te rappellent d'être obéissant, aimable, respectueux et reconnaissant, car les choix sages favorisent les familles et les amitiés solides.

Les enfants doivent respecter leurs parents

Il y avait un homme nommé **Paul**, également appelé l'apôtre Paul. C'était un écrivain et un enseignant.

Rappelait avec douceur que les enfants doivent obéir à leurs parents en toutes circonstances. Cela signifie écouter attentivement et faire ce que nos parents nous demandent, afin de grandir et d'apprendre ensemble.

Dieu a confié à nos parents une responsabilité très spéciale : nous guider, nous enseigner et prendre soin de nous. Lorsque nous obéissons à nos parents, nous montrons que nous avons confiance dans le plan de Dieu pour notre famille. Ce plan inclut le respect de la sagesse et de l'attention que Dieu a portées à nos parents.

Obéir à nos parents n'est pas seulement une question de règles ; c'est aussi bâtir la confiance et l'amour au sein de notre famille. L'apôtre Paul a écrit dans la Bible : « ***Enfants, obéissez en toutes choses à vos parents, car cela est agréable dans le Seigneur***. » (Colossiens 3:20)

L'obéissance comme expression de l'amour pour Dieu et pour mes parents

Quand les enfants obéissent à leurs parents, ce n'est pas seulement pour suivre des règles ou éviter les ennuis.

C'est en réalité obéir à Dieu ! Jésus enseigne aux enfants à respecter et à honorer leurs parents, car lorsqu'ils le font, ils suivent le plan de Dieu pour leur vie.

Dans Éphésiens 6:1-3, la Bible promet que lorsque tu obéis à tes parents, tout ira bien pour toi et que tu vivras longtemps et heureusement sur la terre. ***Jésus veillera à ce que tu vives plus longtemps ici-bas.***

Ainsi, quand tu écoutes tes parents, tu ne les rends pas seulement heureux : tu montres aussi ton amour et ton respect envers Dieu, qui a confié à tes parents la responsabilité essentielle de prendre soin de toi. Tes parents seront très fiers de toi.

Mes parents sont les représentants de Jésus dans notre foyer et sont responsables de moi ainsi que de tous les enfants de la famille. ***Quand je leur obéis, je leur montre du respect et de l'amour***. Sans eux, je n'aurais pas de lit où dormir, pas de maison sûre où revenir après l'école, ni de nourriture ni d'espace pour jouer. Pour toutes ces choses, je suis reconnaissant et j'aime mon papa et ma maman pour leur travail acharné et leur prestation de soins envers moi.

À partir d'aujourd'hui, ***je fais le vœu d'écouter et d'obéir à mes parents et de leur dire combien je les aime et les apprécie.***

L'obéissance dans la famille de Dieu

L'obéissance aux parents est l'une des premières et des plus importantes leçons apprises durant l'enfance. En grandissant, chacun fait face à des situations où il doit prendre des décisions et relever des défis. C'est là que le soutien des parents devient essentiel. Cultiver l'habitude d'obéir et de respecter nos parents en toutes choses jette les bases d'un bon choix et d'un respect de l'autorité tout au long de la vie.

De plus, *ma famille a été le premier lieu où j'ai connu l'amour de Dieu et appris de précieuses leçons auprès de mes parents*. Les enseignements de Jésus me guident à respecter mes parents et à suivre la Parole de Dieu. Ainsi, obéir à mes parents devient une étape significative de mon cheminement avec Dieu, m'apportant la paix et l'accomplissement.

Le roi Salomon a dit dans Proverbes 1 :8-9 : « *Écoute, mon fils, l'instruction de ton père, et ne rejette pas l'enseignement de ta mère ; car c'est une couronne de grâce pour ta tête, et une parure pour ton cou.* « Cela signifie que lorsque tu écoutes les sages conseils de tes parents, c'est comme si tu portais une belle couronne et un collier précieux. De même qu'une couronne rend spéciale, suivre les enseignements de tes parents embellit ton cœur et ta vie.

Leur sagesse t'aide à faire des choix éclairés, à rester en sécurité et à devenir une personne bienveillante et intelligente. Tu auras aussi la grâce de Jésus dans ta vie pour t'aider à réussir à l'école. Chaque fois que tu écoutes tes parents et que tu apprends de leurs expériences, c'est comme si tu revêtais quelque chose qui te rend lumineux, heureux et beau.

Pourquoi Jésus aime-t-Il tant les enfants ?

« *Sais-tu pourquoi Jésus aime tellement les enfants* ? » demanda Maman en s'asseyant sur le canapé avec Gershom. « **Pourquoi** ? » répondit mon petit frère Gershom, les yeux grands ouverts de curiosité.

« Parce que les enfants sont précieux pour Jésus. Il aime votre pureté et votre confiance. Il veut que vous soyez proches de Lui, comme nous voulons être proches les uns des autres », dit Maman avec un sourire tendre. « Jésus est le seul au monde qui puisse voir dans le cœur et l'esprit de chaque enfant et savoir combien nous sommes bons. »

« Nous aimons tout le monde et nous faisons du bien les uns aux autres, n'est-ce pas, Maman ? » demanda Gershom en hochant la tête, réchauffé par ses paroles.

« C'est exact, mon petit garçon », répondit-elle avec un doux sourire. *« Enfants, obéissez à vos parents dans le Seigneur, car c'est juste. »*

Éphésiens 6 :1 :

***« Cela s'adresse à toi aussi, Gershom, ainsi qu'à tes frères, Gabe et Esaïe.** »*

Papa, quant à lui, est l'enseignant de la famille ; il nous a appris une chose tout aussi importante : *« Quand nous sommes tristes ou malades, il faut partager nos pensées avec la famille. Ainsi, nous pouvons prier ensemble et demander à*

Jésus santé et réconfort. »

Maman ajouta : « Dans une bonne famille, il n'y a pas de secrets. Nous devons être ouverts comme un livre rempli d'histoires, afin de nous entraider. « Gershom souriait, réchauffé par tout l'amour qui l'entourait, venant à la fois de sa famille et de Jésus.

Ma famille et mes grands-parents

Il est aussi très amusant, inventant sans cesse de nouveaux jeux pour nous faire rire. Il nous a raconté qu'un jour, quand Maman était très malade, il a prié Jésus pour qu'elle guérisse… et Jésus l'a exaucée !

Nous nous sentons tellement bénis au sein de notre famille. Nos cœurs débordent d'amour les uns pour les autres, et Grand-père nous rappelle chaque jour que la chose la plus importante est de faire confiance à Jésus et de le suivre.

Ma grand-mère Anna adore donner de grands câlins ! Nous nous régalons de sa cuisine et elle nous surprend toujours par de petites attentions. Nous prions pour que Jésus la garde en bonne santé et joyeuse encore longtemps.

Notre autre grand-mère, Consessa, est une véritable guerrière de prière. Elle nous dit souvent : « ***Mes prières vous protégeront, vous et vos enfants, pour des générations***. « Toutes deux aiment Jésus et nous nous sentirons très bénis grâce à elles. Et toi ? As-tu encore tes grands-parents auprès de toi ?

Prends du temps pour les remercier et leur dire à quel point tu les aimes. S'ils ne sont plus là, prions ensemble pour que Jésus te réconforte et remplisse ton cœur de joie.

Poèmes pour nos grands-mères

Ma grand-mère Anna donne des câlins serrés ; sa cuisine remplit nos cœurs de gaieté. Elle apporte des cadeaux, des douces surprises, et nous prions pour elle avec des yeux pleins de délices.

Ma grand-mère Consessa prie chaque jour, nous couvrant de son amour. Ses prières nous protègent partout, comme des étoiles brillantes, éclairant nos pas doux.

Notre bénédiction

Nos deux grands-mères aiment vraiment Jésus ; nous sommes bénis grâce à leur engagement.

Et toi, as-tu aussi des grands-parents?

Remercie-les pour tout ce qu'ils font tendrement.

S'ils sont partis, ne sois pas triste trop longtemps,

Jésus t'aime et rend ton cœur joyeux en tout temps. Que ta famille soit proche ou éloignée, son amour te comblera pour l'éternité.

Chapitre Six
As-tu un esprit humble ?

As-tu un cœur rempli d'amour pour les autres ?

HEAVENLY CITIZEN

J ésus a dit : « *C'est pourquoi, quiconque se rendra humble comme ce petit enfant sera le plus grand dans le Royaume des cieux.* » (Matthieu 18:4)

Cela signifie que, pour Dieu, les plus grands ne sont pas les orgueilleux, mais les enfants humbles. Un enfant doux dit : « **J'ai besoin de Jésus**. « Il est bienveillant envers les autres, patient dans son apprentissage et prêt à dire « **pardon** » lorsqu'il commet une erreur. Jésus voit ton cœur rempli de bonté et dit : « **Voilà mon ami**. »

Les amis de Jésus écoutent ses paroles et s'efforcent de les suivre avec amour. Jésus a dit : « *Vous êtes mes amis si vous faites ce que je vous commande.* » (Jean 15:14) Obéir à Jésus ne veut pas dire être parfait, mais chercher à faire ce qui est juste, par amour pour lui. Cela peut vouloir dire être honnête, même si cela coûte, être gentil, même quand c'est difficile, ou aider les autres, même quand cela demande un effort.

Chaque fois qu'un enfant choisit la bonté plutôt que la méchanceté, la vérité plutôt que le mensonge, l'amour plutôt que l'égoïsme, il devient le meilleur ami de Jésus. L'obéissance est un signe d'amour, et Jésus remarque chaque petit acte de bonté. Voilà pourquoi tu es son fidèle ami.

As-tu un cœur aimant pour les autres ?

Jésus est un véritable ami pour ceux qui montrent de l'amour aux autres. Il a dit : « *Aimez-vous les uns les autres. Comme je vous ai aimés, vous aussi aimez-vous les uns les autres.* » (Jean 13:34) Lorsqu'un enfant pardonne à celui qui lui a fait du mal, partage avec son frère ou sa sœur, ou console quelqu'un de triste, il manifeste le cœur même de Jésus.

Aimer les autres est l'une des façons les plus puissantes de montrer que tu es l'ami de Jésus. Il ne veut pas seulement que nous l'aimions, mais aussi que nous traitions les autres comme Il nous traite : avec patience, bienveillance et pardon. Un enfant qui garde l'amour dans son cœur est celui qui marche près de Jésus.

Parler à Jésus dans la prière

Être l'ami de Jésus, c'est lui parler chaque jour. C'est cela, la prière : parler à Jésus comme on le ferait à son meilleur ami. L'Évangile dit : « **Priez sans cesse.** » (1 Thessaloniciens 5:17). Cela signifie que nous pouvons parler à Jésus à tout moment, partout. Que tu sois heureux, triste, inquiet ou reconnaissant, Jésus est toujours prêt à t'écouter.

Tu n'as pas besoin d'utiliser des mots compliqués ni de connaître des prières particulières : parle simplement de ton cœur. Comme la prière de Pierre dans l'histoire biblique, une prière sincère et simple réjouit Jésus. Il écoute avec attention chaque mot prononcé par un enfant et garde précieusement chaque prière dans son cœur.

Accepte Jésus dans ton cœur

Le plus beau dans l'amitié avec Jésus, c'est que tu n'as rien à prouver ni à mériter. Jésus offre son amitié comme un don. Il dit : « ***Pour nous, nous l'aimons, parce qu'il nous a aimés le premier.*** » (1 Jean 4:19) Cela signifie que Jésus t'aimait avant même que tu connaisses son nom. Tu n'as pas besoin d'être parfait, riche ou important pour être son ami.

Tout ce que tu as à faire, c'est accepter son amour. Accepter l'amour de Jésus, c'est ouvrir ton cœur et Lui permettre d'y habiter. Quand un enfant dit : « Jésus, je t'aime », il répond : « ***Je t'ai toujours aimé, avant même ta naissance.*** « Voilà le genre d'ami qu'est Jésus : aimant, fidèle et éternel. Par ton amitié envers Lui, tu deviens un enfant de son Royaume céleste.

Prière

Bonjour Jésus, mon Ami,

Mon nom est Gabe, et mes petits frères s'appellent Esaïe et Gershom.

Merci à notre famille et à tous nos amis. Bénis chaque enfant qui lit ce livre.

Nous sommes désormais tous Tes nouveaux amis, et nous prions pour que Tu restes proche de nous.

Protège-nous, guide-nous et remplis nos cœurs de Ton amour. C'est en Ton nom que nous prions.

Amen.

Le lien secret entre nous

As-tu un esprit humble ? Possèdes-tu un cœur qui aime les autres ?

L'un des meilleurs moyens de cultiver ce cœur, c'est de passer du temps à parler à Jésus en prière et à l'inviter à vivre dans ton cœur.

T'est-il déjà arrivé de voyager dans une autre ville avec tes parents, d'aller à l'école ou de rendre visite à un membre de ta famille ?

Parfois, au cours de ces voyages, tu rencontres d'autres enfants gentils et accueillants. Tu leur souris ; ils te sourient en retour. Vous jouez ensemble, vous partagez un goûter, vous riez pour une petite bêtise… et tout à coup, vous avez l'impression de les connaître depuis toujours.

Pourquoi ? Parce que nous sommes tous des enfants du même Créateur, liés d'une manière que nous ne voyons pas toujours. Même si tu rencontres quelqu'un qui ne parle pas ta langue, tu peux toujours trouver un moyen de communiquer : un signe de la main, un geste, un jeu partagé. Quand nous faisons cela, nous exerçons l'humilité et choisissons la bonté, même envers des étrangers.

Il est parfois étonnant de voir à quelle vitesse naît une affection pour quelqu'un. Tu peux penser : « **J'aime bien cette personne**… mais je ne connais même pas encore son nom ! « C'est une partie du magnifique dessein de Dieu pour notre monde.

Regarde la nature : chaque créature d'une même espèce a un lien particulier. Les poissons nagent en bancs. Les lions, féroces avec les autres animaux, sont doux envers leur troupe. Les faucons pèlerins, connus comme les animaux les plus rapides du monde lorsqu'ils plongent sur leur proie (atteignant plus de 386 km/h), gardent aussi ce lien avec leurs proches. Quand ils traversent une tempête, ils peuvent voler encore plus vite, parfois au-delà de 400 km/h, tout en restant sereins lorsqu'ils volent ensemble.

Tout cela fait partie du plan de Dieu.

Nous, les humains, sommes créés pour partager un lien spécial. Nous sommes faits pour nous entraider, nous soutenir et nous protéger. Mais parfois, nous oublions. La vie devient chargée, les défis surviennent et nous ne pensons plus qu'à nous-mêmes. Pourtant, les enfants chrétiens savent qu'il vaut mieux dire : « Tu es lent à aider les autres » plutôt que de traiter quelqu'un d'égoïste, car nous croyons que chacun, un jour, trouvera la façon d'aimer et de soutenir ceux qui lui sont chers.

Et puis, un événement survient pour nous rappeler à quel point nous sommes liés. Imagine que tu sois dans un avion et qu'il traverse une zone de turbulences. Ou bien dans une voiture qui dérape sur une route glissante. Dans ces moments-là, que l'on soit chrétien ou non, presque tout le monde se tourne spontanément vers Dieu pour demander de l'aide. Le cœur s'élève naturellement vers le ciel dans la peur, comme il s'ouvre naturellement aux autres dans la bonté, quand tout va bien.

C'est parce qu'au fond de nous-mêmes, nous savons que nous ne sommes pas seuls. Nous faisons partie de quelque chose de plus grand : une famille qui traverse les villes, les pays et même les langues.

Vivre dans l'humilité, c'est vivre comme Dieu nous a créés. L'humilité ne signifie pas penser moins de soi, mais se rappeler que les autres comptent autant que nous. ***C'est laisser quelqu'un passer devant dans une file d'attente***, partager ses jouets ou aider un camarade à ramasser ses livres tombés. C'est écouter avant de parler et chercher à comprendre avant de juger.

Choisir une vie humble rend ton cœur plus doux, plus aimant et plus ouvert à nouer des liens avec les autres, **même avec des inconnus. Ces liens peuvent devenir des amitiés pour toute la vie.**

Alors, la prochaine fois que tu rencontreras quelqu'un de nouveau, souviens-toi : ce n'est pas un hasard. Peut-être que vous ne parlez pas la même langue. Peut-être que vous ne venez pas du même endroit. Mais vous êtes liés, tout comme les lions, les poissons et les faucons. Et ce lien est un cadeau que tu peux honorer en manifestant la bonté, l'humilité et l'amour.

Car au fond, peu importe d'où nous venons : ***nous faisons tous partie d'un même dessein, grand et merveilleux.***

Chapitre Seven

Mon papa est un 68W, un soldat qui guérit

Papa sera à la maison pour Noël

HEAVENLY CITIZEN

*M*on papa est infirmier militaire dans

l'armée des États-Unis !

Il s'appelle David, comme le roi David de la Bible. Il est conçu pour aider les soldats blessés lors des combats. Il prodigue les premiers soins, arrête les saignements et sauve des vies sur le champ de bataille. Mon papa est un héros, non pas seulement à cause de son uniforme, *mais aussi parce qu'il aide toujours les gens, peu importe qui ils sont, à quoi ils ressemblent ou d'où ils viennent.*

Papa dit qu'il est aussi un soldat du Christ. Il lit sa Bible et prie chaque jour, et il m'a appris le Psaume 144:1 : « *Béni soit l'Éternel, mon rocher ! Il exerce mes mains au combat, il exerce mes doigts à la bataille.* « Mon père explique que cela signifie que Dieu lui donne la force et le courage d'accomplir son devoir. Même quand il est loin, il me rappelle que Dieu est toujours avec lui.

Parfois, *mon papa part en mission de maintien de la paix pour* **les Nations unies (ONU).** Il voyage dans différents pays où des conflits se déroulent et aide des enfants et des familles blessés ou effrayés. Même s'ils parlent une autre langue, papa leur donne des médicaments, de la nourriture et du réconfort. Il dit qu'être infirmier, c'est aider tout le monde, même ceux qui autrefois étaient ennemis.

Un jour, je lui ai demandé pourquoi il ne travaillait pas simplement dans un hôpital. Il a souri et m'a répondu : « *Gershom, je suis un chrétien qui veut changer le monde. Les guerres existeront toujours, que j'y aille ou non. Mais si j'y vais, je peux aider des gens qui n'ont pas l'argent pour se soigner. Je ne suis pas un soldat ; je ne combats pas. Je suis un soldat chargé de prendre soin des enfants de Dieu.* »

À cet instant, j'ai su que mon papa avait vraiment un grand cœur, et j'ai voulu être comme lui. C'est mon héros. Merci, Jésus, de m'avoir béni avec un si bon papa.

Ma maman, elle, est une personne pleine d'humour. Elle trouve toujours des moyens de me faire rire, même quand je suis triste ou malade. Ses grimaces, ses danses dans la cuisine et ses blagues du soir rendent tout plus léger. Jésus dit dans Proverbes 17:22 : « *Un cœur joyeux est un bon remède* », et je crois que Dieu a donné à maman un cœur rempli de joie pour guérir le nôtre par ses rires.

La foi de maman en Jésus est solide. Nous l'appelons « *la guerrière de prière* » de notre famille, car elle prie pour tout le monde, tout le temps. Elle prie pour papa quand il est loin, pour nous, les enfants, pour ses amis, et même pour des gens qu'elle ne connaît pas. 1 Thessaloniciens 5:17 dit : « **Priez sans cesse** » et c'est exactement ce que maman fait. Elle parle à Jésus toute la journée, ce qui la rend forte et pleine de paix.

Ce qui est encore plus drôle, c'est la façon dont maman prie à haute voix, si fort que toute la maison entend ce qu'elle dit à Jésus ! Elle commence toujours par chanter ses cantiques préférés. Puis, avec un grand sourire, elle parle comme si Jésus était assis à côté d'elle, à la table de la cuisine.

« Comment vas-tu aujourd'hui, Jésus ?

C'est une belle journée pour être en vie. Je suis tellement reconnaissante d'être ici, entourée de ma famille, en sécurité et en bonne santé. »

Puis elle poursuit sa prière en remerciant Jésus pour tout, surtout pour nous. Elle dit :

« *Seigneur Jésus, nous savons que Tu es si bon ! Notre sécurité, et celle du monde entier, sont entre Tes mains.*

Jésus, bénis-les pour toujours et bénis chaque enfant partout dans le monde. Amen ! »

Chaque prière de maman est remplie d'amour, de joie et de reconnaissance, comme le dit Jésus dans Philippiens 4:6 : *« Ne vous inquiétez de rien ; mais en toute chose faites connaître vos besoins à Dieu par des prières et des supplications, avec des actions de grâces. »*

Mon petit frère Gershom et moi connaissons si bien la prière de maman que nous la terminons avec elle ! Quand elle arrive à la fin, nous sautons toujours et ajoutons ensemble :

« *Bénis-les aujourd'hui et pour toujours, et bénis chaque enfant partout dans le monde. Amen !* »

Cela nous fait rire et nous rapproche davantage, comme si nous étions tous membres d'une grande équipe de prière familiale.

Parler à Jésus comme à un meilleur ami apporte du réconfort dans les moments de solitude. La prière n'a pas besoin d'être compliquée ni remplie de grands mots ; elle doit simplement venir du cœur. *Dans notre maison, ses prières sont joyeuses, pleines d'amour et souvent accompagnées de nos petites voix qui disent ensemble* : « **Amen** ! »

Même quand papa est loin, ils prient et se parlent chaque jour. Grâce à la technologie, maman et papa peuvent se voir en vidéo ou s'appeler à l'autre bout du monde. Nous pouvons aussi voir papa ! Parfois, il nous montre même les personnes qu'il aide à l'étranger. Maman sourit de tout son cœur quand elle le voit, puis nous nous tenons tous par la main pour prier ensemble.

Jésus dit en Matthieu 18:20 :

« Car là où deux ou trois sont assemblés en mon nom, je suis au milieu d'eux. « Même si nous sommes éloignés, Dieu est avec nous !

Je me sens tellement bénie d'avoir une maman comme elle. Elle est joyeuse, fidèle et pleine d'amour. Quand je la regarde, je vois l'amour de Jésus briller à travers elle.

Merci, maman, d'avoir rempli notre maison de rires, de prières puissantes et de tendresse. Je t'aime plus que toutes les étoiles du ciel !

Papa sera à la maison pour Noël

La fin de novembre est arrivée et, comme chaque année, c'est une grande nouvelle chez nous : **Papa va rentrer pour Noël** *! Nous avons entouré la date de grosses lettres rouges sur le calendrier de la cuisine et ajouté des étoiles dorées qui brillent autour. À la maison, j'ai une carte spéciale qui indique exactement où se trouve Papa. À côté, je garde aussi mon calendrier de compte à rebours et, chaque jour, je décoche une case de plus.* **Plus que quelques jours à attendre !**

Papa travaille très loin, dans un endroit appelé la **bande de Gaza***, une terre située près de* **la mer Méditerranée** *orientale, bordée **par Israël, l'Égypte** et la Méditerranée. Cette contrée est riche d'histoire et pleine d'histoires : elle a du caractère et du charme, mais aussi de la tristesse. **Papa fait du travail humanitaire pour l'ONU** ; il aide les personnes malades ou blessées, notamment les enfants et leurs familles. Il me dit toujours : « **Jésus nous envoie là où l'amour et le soin sont les plus nécessaires**. »*

*La Bible parle de Gaza ! Dans Actes 8:26-28, il est écrit : « Un ange du Seigneur dit à Philippe : '**Va au sud, sur la route qui descend de Jérusalem à Gaza, désert.**' « Sur cette route, Philippe rencontra un haut fonctionnaire éthiopien qui lisait le livre d'Ésaïe. Philippe lui expliqua la prophétie concernant Jésus ; l'homme crut et fut baptisé. Il devint un ami de Jésus sur la route. C'est la même route où mon papa travaille aujourd'hui, marchant dans les pas de l'amour et du service, guidé par l'Esprit Saint, tout comme Philippe.*

*Maintenant, son retour approche. J'ai le cœur plein de papillons et je n'arrête pas de sourire. Chaque matin, je me dis : « **Un jour de plus** ! « Je prépare un cadeau de bienvenue spécial pour Papa : une carte avec des dessins et un poème.*

***C'est un secret** ; personne ne le sait encore. Je confie à Jésus, dans mes prières, tout ce que je veux partager avec Lui. Maman, Esaïe et Gershom préparent la maison et nous comptons les minutes ! **Il rentrera dans un grand avion militaire de l'armée de l'air, en uniforme**, et quand je le verrai, je courrai aussi vite que possible pour serrer mon* héros dans mes bras. Ce sera le meilleur Noël, car notre famille sera à nouveau réunie.

Bonjour, nouveau ami

Salut ! Je suis tellement heureux de lire avec toi. Je m'appelle Esaïe et j'aimerais te parler un peu de ma famille.

Je vis avec ma maman et mon papa, et je peux te dire quelque chose de très spécial à leur sujet : ils sont des amis de Jésus. **Oui, de vrais amis** *! Ils lui parlent chaque jour dans la prière. Ma maman est ce qu'on appelle une* **guerrière de prière pour notre famille** *; elle prie à voix haute et chante pour Jésus avec une telle joie que toute la maison s'illumine.*

Mon papa est dans l'armée *; il est infirmier et prend soin de tous ceux qui en ont besoin. Même quand il est loin et en mesure d'aider les autres, il n'oublie jamais de prier. Il me rappelle toujours : «* **Jésus est avec nous, même quand nous sommes séparés.** *»*

Mes frères s'appellent Gabe et Gershom. **Nous sommes les meilleurs amis du monde***. Nous jouons, rions et parfois prions ensemble. Et devine quoi ? Nous parlons de Jésus comme s'Il était dans la pièce avec nous, car nous croyons qu'Il est toujours présent dans nos cœurs. Il nous envoie ses anges pour nous protéger où que nous allions.*

Maintenant, laisse-moi te poser une question :

Veux-tu, toi aussi, être ami avec Jésus ? C'est la plus belle des amitiés. Tu n'as pas besoin d'être parfait. Tu n'as pas à le voir de tes yeux ; il faut croire de tout ton cœur. Hébreux 11:1 nous dit :

« La foi, c'est la certitude des choses qu'on espère, la preuve des réalités qu'on ne voit pas. « La foi,

C'est faire confiance à Dieu, même quand on ne voit pas ce qu'Il accomplit. Nous croyons qu'Il agit et qu'Il tiendra ses promesses.

Mon papa m'a dit un jour : « Quand tu fermes les yeux, tu peux voir Jésus dans ton esprit. Sans distractions. Juste toi et Lui. » Tu peux parler à Jésus à n'importe quel moment : à voix haute, tout doucement ou simplement dans ton cœur. Et quand tu le fais, il t'écoute.

Prions ensemble

Alors, mon nouvel ami, veux-tu prier avec moi ? Ferme les yeux un instant. Respire profondément. Imagine Jésus debout à côté de toi, souriant. Il t'écoute.

Voici ma prière pour toi :

Seigneur Jésus,

Notre Père céleste,

Que ton nom soit sanctifié.

Que ton Royaume vienne, que ta volonté s'accomplisse dans la vie de mes nouveaux amis qui lisent ce livre. Je te demande de les bénir, de les guérir et d'aimer profondément leurs familles.

Fais-leur sentir que tu es réel et que tu prends soin de chaque aspect de leur vie.

Bénis leurs mamans et leurs papas. Bénis leurs frères, sœurs et amis.

Aide-les à réussir à l'école et donne-leur des foyers remplis de joie et de paix.

Rends-les intelligents, bons et remplis de ton amour. Seigneur Jésus, accueille-les aujourd'hui comme tes nouveaux amis. Nous t'aimons. Merci de nous avoir aimés en premier.

Au nom saint et magnifique de Jésus, je prie. **Amen.**

chapitre Huit
Bienvenu dans la famille de Dieu, mes amis

Beaucoup de mères héroïques venues de loin : mamans chrétiennes

HEAVENLY CITIZEN

Bienvenu dans la famille de Dieu !

À partir d'aujourd'hui, souviens-toi que tu es un enfant bien-aimé de Dieu. Tu es chéri, choisi et merveilleusement façonné par Lui. **Cela signifie que tu es un précieux citoyen du Royaume des cieux.**

L'un des rois les plus extraordinaires, choisi par Dieu, fut David. Il était musicien et touchait le cœur du Seigneur par ses chants. Dans le Psaume 139:14, il dit :

« Je te loue de ce que je suis une créature si merveilleuse. Tes œuvres sont admirables et mon âme les reconnaît bien. »

Cela signifie : « Je suis parfait tel que tu m'as créé.

Dieu t'a formé avec soin et amour. Tu n'es pas le fruit du hasard : tu es un chef-d'œuvre divin, conçu intentionnellement pour une mission particulière !

Jésus connaît ton nom et dit que tu lui appartiens. Il te garde en sécurité dans Sa main droite, et rien ni personne ne pourra t'arracher à Son amour. Romans 8:39 :

« Rien, dans tout l'univers, ne pourra jamais séparer mes enfants de mon amour, car ils m'appartiennent ! »

Voici une vérité simple à garder en mémoire chaque jour :

Dieu t'a créé unique et précieux,

Jésus t'aime pour toujours,

Tu es Son enfant et tu es à Lui pour l'éternité !

Jésus t'aime, et tu fais partie de Son Royaume.

Bienvenue dans la famille de Dieu !

Des mères héroïques venues de loin : les mamans chrétiennes

Une mission particulière

Nos mamans héroïques, les mères militaires.

Notre gouvernement accomplit une bonne et juste action qui réjouit le cœur de Jésus lorsqu'il déploie nos forces armées à l'étranger pour aider des peuples dans le besoin.

Parfois, elles se rendent dans des pays membres de l'Organisation du Traité de l'Atlantique Nord (NATO). La NATO est une alliance de pays d'Amérique du Nord et d'Europe, fondée en 1949 pour assurer la sécurité collective de ses membres.

Elles sont également envoyées dans d'autres pays, tels qu'Israël, l'Ukraine, l'Égypte, la Jordanie, l'Afghanistan ou le Pakistan. Beaucoup de mères servent dans l'armée pour venir en aide à d'autres mères et enfants, en apportant des soins médicaux, de la nourriture et du réconfort, tout comme le fit autrefois le père de Gershom. « **M. Moise** »

Connais-tu une maman qui sert dans l'armée ?

La mère de Josh joue un rôle très particulier. Elle porte un uniforme et contribue à protéger des vies partout dans le monde. Parfois, elle doit voyager loin pour accomplir sa mission dans un autre pays.

Quand elle part, sa famille ressent aussitôt un vide. Mais elle les rassure toujours : son travail consiste à protéger et à apporter la paix là où elle se rend.

Je suis très fier de reconnaître que de nombreuses femmes courageuses, comme la maman de Josh, sont de véritables héroïnes qui marquent profondément le monde ! « **Fortifie-toi et prends courage. Ne crains point et ne t'effraie** *point, car l'Éternel, ton Dieu, est avec toi partout où tu iras.* » (Josué 1:9)

Josh est le meilleur ami de Gabe à l'école ; ils sont amis depuis la maternelle.

Le savais-tu?

Dans la Bible, il y a eu aussi des femmes chrétiennes courageuses, de véritables héroïnes.

De nombreuses mamans aujourd'hui servent avec honneur au plus haut rang des armées du monde entier, et nous sommes fiers de leur courage et de leur dévouement. Leur force, leur discipline et leurs sacrifices nous rappellent que le service n'est pas limité par le genre, mais constitue un appel qui exige de la bravoure et de l'engagement. Pourtant, au-delà de toute compétence humaine et de tout entraînement, nous les confions à la protection de Dieu, Lui demandant de les couvrir dans chaque combat, de guider leurs pas et de les ramener saines et sauves auprès des familles qui les aiment et les attendent.

Oui, il y eut une femme vaillante nommée **Débora**. Elle était prophétesse et juge en Israël (Juges 4–5). Débora ne maniait pas l'épée, mais elle conduisit une armée et aida son peuple à vaincre, parce qu'elle plaçait toute sa confiance en Jésus !

Il y eut aussi **Myriam**, qui entraîna les femmes dans le chant et la danse après que Dieu les eut délivrées du danger de la mer Rouge (Exode 15). Elle ne combattit pas dans la *guerre, mais elle apprit à tout le peuple à louer Dieu avec joie et courage.*

*Comme **Débora** et **Myriam**, la maman de Josh est une femme héroïque qui aime Jésus et aide les autres partout où elle va.*

Compter les jours, Parler à distance

Lorsque nos mamans ne sont pas près de nous, nous ressentons leur absence immédiatement. Certaines servent dans l'armée, d'autres partent en voyage d'affaires, et d'autres encore vont travailler chaque jour. Mais nous avons un moyen particulier de rester proches d'elles : nous utilisons un calendrier dédié à leurs déplacements.

Un matin à l'école, mon amie Rosa m'a montré son calendrier. Elle venait d'y coller un nouvel autocollant, car sa maman voyageait aussi avec l'armée. Quand le calendrier est rempli d'autocollants colorés, cela signifie que sa maman sera bientôt de retour à la maison !

Parfois, cela paraît interminable, mais chaque autocollant nous rappelle que nous nous rapprochons d'un grand et chaleureux câlin. C'est ce que mes frères Gabe, Gershom et moi avons fait lorsque notre papa était absent. Grâce à Jésus, il est maintenant revenu !

J'avais aussi dessiné des images pour lui et écrit des lettres. Parfois, je faisais des cœurs, des hélicoptères médicaux ou même son portrait en uniforme. Il adorait recevoir mes lettres, car elles le faisaient se sentir proche de moi, même à des milliers de kilomètres.

Cette étape constitue un défi pour toutes les familles. Même si nos mamans sont loin, nous trouvons toujours des moyens de rester en contact avec elles. Nous leur téléphonons, leur envoyons des messages et, parfois, nous faisons des appels vidéo.

Quand je vois mes amis Rosa et Josh regarder leur maman à l'écran, leurs cœurs s'illuminent et se remplissent de joie.

Parfois, elle leur montre des photos de son lieu de travail et de ses nouveaux amis, comme Papa le faisait autrefois. Mes amis et moi aimons écouter les histoires de la vie militaire.

Les grands câlins

Enfin, le jour le plus attendu arrive : celui du retour des mamans de mes amis !

Mes amis courent de toutes leurs forces et se jettent dans les bras de leur maman pour lui offrir les plus grands câlins du monde ! Ils lui racontent tous les autocollants collés sur le calendrier, les dessins et les choses amusantes qu'ils ont faits en leur absence.

Les mamans sourient et les serrent fort contre elles. Je comprends bien ce sentiment, car je l'ai vécu lorsque mon papa était loin. Même lorsqu'elles sont absentes, nous prions chaque jour pour elles, demandant à Jésus de les garder en sécurité.

Connais-tu, toi aussi, des parents héros qui travaillent à l'étranger ?

Peut-être pourrais-tu partager leurs histoires et remercier Dieu pour leur courage et leur amour !

Prière pour nos mamans héroïques

Seigneur Jésus,

Merci de nous avoir donné des mamans courageuses, qui servent et aident les gens partout dans le monde. Elles portent des uniformes spéciaux et accomplissent des missions essentielles pour assurer la sécurité des autres et leur apporter la paix.

Parfois, elles voyagent très loin, dans des pays tels qu'Israël, l'Ukraine, la Jordanie ou même l'Afghanistan. Même si elles nous manquent énormément, nous savons qu'elles expriment leur amour à travers chacun de leurs gestes bienveillants.

Reste auprès de nos mamans lorsqu'elles sont éloignées.

Aide-les à ressentir nos câlins, nos lettres et notre amour, même de loin.

Protège-les toujours et ramène-les à la maison heureuses et fortes.

Nous sommes très fiers d'elles, tout comme Débora et Myriam dans la Bible, car elles sont fortes, aimantes et pleines de courage.

Aide-nous à être patients dans l'attente et rappelle-nous chaque jour que Tu es avec elles et avec nous.

Nous te remercions pour la maman de Rosa, pour la maman de Josh et pour toutes les mères qui aident les autres à travers le monde.

Bénis toutes les mamans héroïques aujourd'hui, et fais-leur savoir combien nous les aimons. Par Ta puissance, nous prions. **Amen.**

Chapitre Neuf

Tu es un bon enfant : écouter comme Jésus

Les enfants chrétiens sages doivent écouter

HEAVENLY CITIZEN

Les enfants sages doivent apprendre à écouter

« Un enfant sage écoute l'instruction de ses parents, mais un enfant insolent rejette la correction. »

Le roi Salomon veut dire que lorsqu'on est un enfant sage, on prête attention à ce que disent ses parents et ses enseignants, car ils cherchent à nous aider à devenir plus intelligents.

*Il y a un garçon à mon école qui s'appelle Samuel. Il parle beaucoup, surtout lors des sorties scolaires où nous sommes censés écouter. Pour lui, les bonnes notes ne comptent pas vraiment. Il a même dit un jour : « **C'est seulement pour faire plaisir aux parents ! « Mais notre maîtresse, Mme Hannah, répond** : « Sans bonnes notes et sans bon comportement, personne ne peut passer dans la classe suivante. » »*

Même si sa maman l'encourage à faire ses devoirs, Samuel préfère jouer aux jeux vidéo. Il reste éveillé tard pour jouer et, en classe, s'endort ou répond mal à ceux qui essaient de l'aider.

Mme Hannah a dû appeler sa maman, qui a quitté son travail pour venir lui parler à l'école. Ce jour-là, Samuel avait l'air triste, mais ce n'était pas de la vraie contrition : il ne voulait pas voir sa maman fâchée. Qu'est-ce que cela signifie ? Cela veut dire que Samuel aime sa maman et qu'il fera des efforts pour lui faire plaisir. C'est ce genre d'amour que Jésus attend de nous.

En voyant cela, j'ai repensé à l'amour que portent mes parents à mes petits frères et à moi. Si l'un de nous avait agi ainsi, nous aurions eu de gros ennuis. Papa ne plaisante pas quand il s'agit de la discipline et du respect de soi. Il nous aurait retiré les jeux (nous n'avons d'ailleurs pas de console à la maison, car Papa dit : « Les jeux sont la plus grande distraction pour un élève. »), il nous aurait fait écrire une lettre d'excuses aux enseignants et, surtout, il aurait pris le temps de nous expliquer pourquoi il fallait changer.

Esaïe et Gershom travaillent dur pour maintenir de bons résultats, non pas seulement pour éviter les ennuis, mais aussi pour rendre notre famille fière. Maman dit toujours : « **Quand tu apprends bien, tu brilles***. Papa ajoute : «* **Dieu se réjouit quand les enfants écoutent.** *« Alors, nous faisons de notre mieux. Nous n'avons pas toujours de notes parfaites, mais nous donnons le meilleur de nous-mêmes.*

Jésus est heureux, car cela prépare aussi notre avenir ; c'est ce que Papa dit.

Un jour, Samuel a vu ma note de test et m'a dit : « **Tu as toujours de bonnes notes. Tes parents doivent tout te donner.** *J'ai souri et répondu : « Pas du tout. Ils me donnent de l'amour et des règles. J'écoute et c'est ça qui m'aide à réussir. Il n'a rien répondu, mais j'ai vu qu'il réfléchissait. Peut-être commence-t-il à comprendre.*

Alors, si tu veux être un enfant sage comme

Gershom, souviens-toi de ceci : écoute les personnes que Dieu a placées dans ta vie pour te guider, tes parents, tes enseignants, tes aînés. Ils ne donnent pas de règles pour être méchants, mais parce qu'ils t'aiment. Tout comme Dieu corrige ceux qu'Il aime, nos parents façonnent notre vie pour que nous devenions les enfants que Dieu a créés.

Souviens-toi : un enfant brillant écoute. Un enfant insolent est rejeté. Choisis la sagesse et observe comment

Jésus bénit ton apprentissage pour t'enrichir d'intelligence.

La prière rend les enfants sages et forts

Tous les enfants chrétiens, garçons et filles, sont exceptionnels et lumineux parce qu'ils prient. La prière nous rend forts et sages.

Dans la Bible, Jacques 1:5 dit :

*« **Si quelqu'un d'entre vous manque de sagesse, qu'il la demande à Dieu, qui donne à tous généreusement et sans reproche, et elle lui sera donnée.** »*

Nous apprenons à prier grâce à nos parents, qui nous enseignent à parler à Dieu et à faire confiance à Jésus chaque jour. Quand nous prions, nous ouvrons nos cœurs et laissons Jésus les remplir de Son amour et de Sa lumière.

Jésus, le plus grand ami

Jésus est le plus grand ami que l'on puisse avoir ! Il n'est ni égoïste ni hypocrite ni jaloux. Dans Jean 15:15, Jésus dit :

« Je vous ai appelés amis, car tout ce que j'ai appris de mon

Père, je vous l'ai fait connaître. »

Jésus veut être notre ami le plus proche, celui à qui nous pouvons toujours faire confiance, qui garde nos secrets et ne nous abandonne jamais. Quand nous nous sentons seuls ou effrayés, nous pouvons lui parler à tout moment. Il nous écoute toujours et apaise nos craintes.

Quand Jésus était enfant, il aimait tous les enfants autour de lui. Il jouait avec eux, leur racontait des histoires *et leur enseignait l'amour de Dieu. Deux de ses meilleurs amis étaient ses petits frères, Jacques et Jude. Jésus leur montrait comment se respecter et être bons envers tous. Il n'était jamais méchant ni arrogant. Au contraire, il était doux et attentionné, nous montrant comment vivre comme de véritables enfants de Dieu. Il leur disait : « **Le Royaume de mon Père dans les cieux vous appartient**. »*

Jésus veillait aussi sur ses petites sœurs. Comme grand frère, il les protégeait et leur enseignait la vérité de Dieu. Éphésiens 4:32 dit :

*« **Soyez bons les uns envers les autres, compatissants, vous pardonnant réciproquement, comme Dieu vous a pardonné en Christ**. »*

Jésus enseignait à Ses sœurs à être aimables et courageuses. Parce qu'Il était si bienveillant et serviable, tout le monde aimait être auprès de Lui, et son rôle de grand frère était rempli de joie.

L'image de Dieu en chacun

Jésus apprenait à Ses frères et sœurs que personne n'est meilleur, plus beau ou plus intelligent qu'un autre. Il leur disait que nous sommes tous créés à l'image de Dieu.

Genèse 1:27 dit :

*« **Dieu créa l'homme à Son image, Il le créa à l'image de Dieu, homme et femme, les créa.** »*

Jésus voulait qu'ils sachent qu'ils étaient parfaitement faits, beaux et magnifiques tels qu'ils étaient.

Aujourd'hui, toi aussi, tu es un enfant de Dieu. Si tu te regardes dans un miroir, y a-t-il quelque chose qui manque ? Non. Car je sais que tu as été merveilleusement créé à l'image de Dieu, tel que tu es. Tu n'as pas besoin que quelqu'un d'autre te le confirme, car Jésus te dit lui-même : « **Tu es beau, tu es belle, exactement comme tu es**. »

Jésus leur dit aussi de ne pas écouter ceux qui prétendent qu'ils ne sont pas assez bien

Lorsque d'autres enfants voulaient intimider ses frères et sœurs, ils n'y parvenaient pas. Leur assurance était excessive, car ils savaient que Jésus était toujours à leurs côtés. Ésaïe 41:10 nous rappelle : « **Ne crains rien, car je suis avec toi ; ne promène pas des regards inquiets, car je suis ton Dieu. Je te fortifie, je viens à ton secours, je te soutiens de ma droite triomphante.** »

Maintenant que tu es chrétien, tu fais partie du grand projet familial de Jésus ! Tu es comme l'un de ses petits frères ou de ses petites sœurs. Quand tu te regardes dans le miroir, tu peux dire : « *Je m'appelle Gershom, Gabe, Esaïe, Job, Angie, Josh, ou inscris ton nom ici − −* » *Dieu nous façonne avec beauté.*

Le Seigneur Jésus-Christ est notre meilleur ami. « *Je suis bien tel que je suis.* « *Je n'ai pas besoin de maquillage ni d'artifices : Dieu m'a créé parfaitement.*

Psaume 139:14 dit : « **Je te loue de ce que je suis une créature si merveilleuse ; tes œuvres sont admirables, et mon âme le reconnaît bien.** »

Jésus te dit : « **Je veille sur toi; jamais je ne t'abandonnerai ni ne te laisserai. Tu es mon enfant. Quand tu pries et chantes pour Jésus, il t'écoute avec un grand sourire. Alors, souviens-toi toujours : tu es spécial, tu es aimé et tu appartiens pour toujours à la belle-famille de Dieu !"**

Apprendre à prier, maintenant que tu es enfant de Dieu

En tant qu'enfant de Dieu, il faut apprendre à prier. La prière est une manière particulière de parler à Jésus.

C'est comme avoir un numéro de téléphone secret pour parler directement à Jésus, rien qu'à Lui !

Dans 1 Thessaloniciens 5:17, la Bible nous invite à « prier sans cesse ». Cela signifie que nous pouvons parler à Jésus à tout moment et en tout lieu. Quand tu pries, tu partages ton cœur avec Lui, et Il écoute toujours.

Jérémie 33:3 dit *: « Invoque-moi, et je te répondrai ; je t'annoncerai de grandes choses, des choses cachées que tu ne connais pas. »*

Quand tu deviens chrétien, tu gagnes un ami très spécial : Jésus ! Mais cette amitié est différente des amitiés de l'école, de l'église ou du quartier. C'est une relation personnelle et unique entre toi et Jésus. Dans Jean 15:14, Jésus dit : « ***Vous êtes mes amis si vous faites ce que je vous commande. Jésus veut être ton ami le plus proche, celui qui te comprend mieux que quiconque.***

Jésus a dit : « Nous devons l'aimer de tout notre cœur, de toute notre âme et de toute notre intelligence. Dans Matthieu 22:37, Jésus rappelle le plus grand commandement pour entrer dans le Royaume :

« Tu aimeras le Seigneur ton Dieu de tout ton cœur, de toute ton âme et de tout ton esprit. « Quand tu fais cela, Jésus promet de t'aimer de la même manière. Son amour est si vaste et puissant qu'il te rend sage, courageux, fort et intelligent !

Imagine qu'on te pose une question simple pour tester ton amour pour tes parents : que répondrais-tu ? Lequel aimes-tu le plus ?

Il est vrai que certains enfants se sentent parfois plus proches d'un parent qu'un autre, mais la réponse de cœur devrait être : « Je les aime tous également, de tout mon cœur. « C'est une belle manière de montrer de l'équité et de la sagesse envers de merveilleux parents.

Jésus est le meilleur Ami

Jésus est le meilleur ami parce qu'Il ne ment jamais. Il est l'unique ami saint.

« Saint » signifie qu'Il est sans faille : Il ne pense ni n'agit mal, et Il protège toujours ceux qu'Il aime.

La Bible dit :

« Quant à Dieu, sa voie est parfaite ; la parole de l'Éternel est éprouvée ; il est un bouclier pour tous ceux qui se confient en lui. » *(Psaume 18:30)*

Tu peux toujours compter sur Lui, car Il est parfait et pur. Il protège tous ceux qui croient en Lui.

*Puisque toi et Jésus êtes désormais amis, tes secrets sont en sécurité avec Lui. Jésus sait déjà tout de toi, mais Il aime que tu lui fasses confiance de toutes tes pensées et de tous tes sentiments. Psaume 139:4 dit : « Avant qu'une parole ne soit sur ma langue, voici, ô Éternel, tu la connais toute entière. « Tu peux tout lui dire : **tes rêves, tes inquiétudes, tes joies, et Il gardera tout cela précieusement dans Son cœur. Il te dira aussi quoi faire.***

Par exemple, si tu souhaites un Noël joyeux, espères recevoir un cadeau spécial, as besoin de guérison pour toi ou pour un proche, ou veux obtenir de bonnes notes à l'école, tu peux tout confier à Jésus. Philippiens 4:6 nous dit : « Ne vous inquiétez de rien ; mais en toute chose faites connaître vos besoins à Dieu par des prières et des supplications, avec des actions de grâces. « Tes secrets sont en sécurité auprès de Lui, et après chaque prière, tu éprouveras la paix et la joie au fond de toi.

Quand et comment prier ?

Tu te demandes peut-être : « Quand dois-je prier et comment dois-je m'adresser à mon ami Jésus ? « La réponse est simple : n'importe quand et n'importe où ! Tu peux prier en silence dans ton cœur, murmurer quelques mots ou parler à voix haute quand tu es seul. Matthieu 6:6 nous dit : « Mais toi, quand tu pries, entre dans ta chambre, ferme la porte, et prie ton Père, qui est là dans le secret ; et ton Père, qui voit dans le secret, te le rendra. Jésus aime t'entendre tout le temps.

Souviens-toi : prier, ce n'est pas seulement prononcer des mots. C'est une conversation sincère avec ton meilleur ami, Jésus. Tu peux rire, pleurer et lui parler de ta journée. Il écoute avec attention et t'aime plus que quiconque. Commence aujourd'hui à lui parler, et laisse Son amour remplir ton cœur. Dis-Lui ce qui se passe dans ta vie.

Chapitre Dix
La foi des enfants en Jésus

Aucun enfant laissé de côté

HEAVENLY CITIZEN

Jésus a, un jour, partagé une vérité très importante avec ses amis. Dans Matthieu 18:3, il s'adressait aux adultes et leur dit :

« *Je vous le dis en vérité : si vous ne changez pas et ne devenez pas comme les petits enfants, vous n'entrerez pas dans le Royaume des cieux.* »

Cela signifie que Dieu veut que nous venions à Lui avec un cœur semblable à celui des enfants : rempli de confiance, de bonté, de sincérité et d'amour. Ce sont les qualités des amis de Jésus. ***Ses amis sont fidèles, précieux et honnêtes***. Ils possèdent une sagesse particulière : si tu leur poses une question, ils répondront avec vérité, qu'ils en connaissent la réponse ou non.

Jésus ne voulait pas dire que nous devions agir de façon naïve ou enfantine, mais que nous devions croire en Lui avec un cœur pur et ouvert, comme le font les enfants, car ce sont ses véritables meilleurs amis. ***Du Royaume des cieux, il les entend toujours.***

Aux adultes, Jésus voulait faire comprendre que l'orgueil et l'égoïsme les éloignent de Dieu. Les enfants, eux, croient facilement, pardonnent rapidement et savent aimer tout le monde. Dieu se réjouit lorsque nous prions avec des mots simples et que nous venons à Lui avec une foi qui dit : « ***Jésus, je me confie en Toi*** ! « C'est ainsi que prie Gershom.

Jésus nous enseigne à nous aimer les uns les autres. Dans 1 Jean 4:7-8, il est écrit :

« ***Bien-aimés, aimons-nous les uns les autres, car l'amour est de Dieu ; et quiconque aime est né de Dieu et connaît Dieu. Celui qui n'aime pas n'a pas connu Dieu, car Dieu est amour***. »

Cela veut dire que lorsque nous faisons preuve d'amour et de bonté, en aidant quelqu'un, en respectant nos parents, en partageant avec un ami, en pardonnant ou en prononçant de bonnes paroles, nous montrons aux autres ce à quoi ressemble l'amour de Dieu.

Tu peux vraiment faire une différence. Tu n'es jamais trop jeune pour être une lumière dans ce monde ! Quand tu aimes ta famille, aides ton enseignant, partages avec tes camarades ou pries pour quelqu'un qui souffre, l'amour de Jésus brille à travers toi. Dieu voit tout ce que tu fais, et il sourit lorsque tu agis avec amour et bonté. C'est ainsi que tu contribues à changer le monde : en prenant soin des autres.

Un moyen de rester proche de Jésus est de Le garder dans ton cœur chaque jour. Que tu fasses tes devoirs, passes un test important ou que tu ailles aider ta maman à la maison, Jésus est toujours prêt à t'aider. Il nous donne de la sagesse et de l'intelligence. Il aide les enfants à se souvenir de ce qu'ils ont appris et remplit leur esprit de bonnes pensées afin qu'ils puissent grandir et progresser. Quand nous marchons avec Lui, nous devenons forts, lumineux et remplis de paix.

Aucun enfant laissé de côté

As-tu déjà entendu l'expression « ***Aucun enfant laissé pour compte*** » ? C'est devenu une loi spéciale aux États-Unis pour garantir que chaque enfant, où qu'il vive, ait la possibilité d'apprendre et de réussir à l'école.

Avant cette loi, certaines écoles de quartiers pauvres n'avaient pas les mêmes livres, les mêmes enseignants qualifiés ni les mêmes ressources que celles des écoles des villes plus riches. Cela signifiait que certains enfants n'avaient pas accès à l'éducation qu'ils méritaient. Mais le gouvernement a décidé de changer cela, afin que chaque enfant du pays bénéficie d'une éducation équitable : mêmes livres, même calendrier et même programme scolaire, de bons enseignants et un enseignement de qualité.

La **loi *No Child Left Behind Act*** a été adoptée par le **Congrès américain en 2002** et signée par le 43e président des États-Unis, **George W. Bush**. Il déclara :

« *Nous ne laisserons aucun enfant de côté. Nous veillerons à ce que chaque enfant apprenne à lire et réussisse à l'école*. »

C'est un objectif magnifique et quelque chose que Jésus approuverait ! Car le président Bush est chrétien et, lui aussi, est un ami de Jésus.

Quand nous aimons Jésus, Il nous aide à apprendre, à grandir et à servir les autres. Il ne veut qu'aucun enfant ne soit laissé pour compte, que ce soit à l'école, dans la vie ou dans Son Royaume. Continuons donc à l'aimer, à apprendre davantage chaque jour et à aider les autres à réussir, car avec Jésus, chaque enfant compte ; chaque enfant est aimé et merveilleusement façonné par Dieu.

Prière :

Seigneur Jésus,

Merci de m'aimer, à moi et à tous les enfants du monde. Aide-moi à me souvenir que Tu as créé chacun de nous, unique et précieux.

Bénis mes enseignants, mes amis et mes camarades afin que nous puissions apprendre et grandir ensemble.

Montre-moi comment aider ceux qui ont besoin d'un ami ou d'une main tendue,

Afin qu'aucun enfant ne soit laissé de côté, ni à l'école, ni dans la vie, ni dans la connaissance de Toi. Merci de m'avoir merveilleusement créé. Je t'aime, Jésus. Amen.

Tu es choisi : tu es chrétien

Un chrétien est une personne qui croit en Jésus, l'aime et veut vivre comme Lui.

Les enfants de Dieu grandissent chaque jour : ils apprennent de nouvelles choses, rencontrent de nouveaux amis et découvrent de nouvelles activités. Mais Jésus veut aussi que nous réussissions intérieurement, afin que nos cœurs deviennent forts et purs. Il dit dans la Bible :

« Heureux ceux qui ont le cœur pur, car ils verront Dieu. » (Matthieu 5:8).

Cela signifie que Jésus se réjouit quand nous gardons nos cœurs purs, sans secrets sombres, mauvaises pensées ni actions blessantes. La pureté ne concerne pas seulement notre corps, mais aussi les paroles que nous prononçons, les pensées que nous entretenons et les choix que nous faisons. En grandissant, nous devons protéger nos cœurs et nos esprits en faisant ce qui est bon, juste et honorable, car c'est ce qui plaît à Jésus.

Grandir veut aussi dire qu'un jour, nous aurons davantage de responsabilités : entrer au lycée, poursuivre des études supérieures, trouver un emploi, peut-être fonder une entreprise ou une famille. Mais jusque-là, nous devons rester proches de nos parents et leur faire confiance.

Dieu nous a donné des parents pour nous aimer, nous guider et nous protéger. Jésus a dit :

« **Enfants, obéissez à vos parents, selon le Seigneur, car c'est juste.** » (Éphésiens 6:1).

Cela veut dire que nous devons toujours leur montrer du respect ; leur parler ouvertement de ce qui nous inquiète, nous effraie ou nous met mal à l'aise. Si quelqu'un parle mal de nous ou nous fait honte, nous devons en parler immédiatement à nos parents. Ils sont notre refuge, veillant généreusement sur nous, et nous croyons que Dieu les utilise pour nous garder en sécurité.

Certaines choses dans la vie sont privées et doivent être protégées. Par exemple, nos corps sont spéciaux et doivent être traités avec respect. Seul un médecin est autorisé à pratiquer certains examens, toujours en présence d'un parent ou d'un tuteur. Personne n'a le droit de nous voir ou de nous rencontrer seuls, car Jésus veut que nous restions dans un environnement sûr en tout temps.

Aucune autre personne n'a le droit de toucher ou de regarder nos parties intimes, quelles que soient ses paroles ou ses offres. Souviens-toi : nous sommes enfants de Dieu, et Jésus veille à la sagesse de nos choix. Il nous fait confiance pour agir de manière intelligente et prendre de bonnes décisions.

Si quelqu'un tente quelque chose de ce genre, il est essentiel de dire non et d'en parler immédiatement à nos parents. Nos corps sont précieux, car Jésus, notre meilleur ami, dit :

« ***Votre corps est le temple du Saint-Esprit***. » (1 Corinthiens 6:19).

Cela veut dire que Dieu habite en nous, et que c'est notre joie et notre responsabilité de prendre soin de nous de manière qui lui plaît.

Il y a aussi certaines conversations qu'un enfant chrétien ne doit pas avoir avec n'importe qui. Si quelqu'un essaie de nous parler de sujets étranges, confus ou liés à la vie des adultes, nous devons immédiatement en parler à nos parents. Certaines choses ne peuvent être expliquées qu'avec amour et sagesse par papa et maman.

Comme le dit le Psaume 119:130 : « *La révélation de tes paroles éclaire ; elle donne de l'intelligence aux simples.* »

Lorsque nous partageons nos questions et nos inquiétudes avec nos parents, nous permettons à la lumière de Dieu de nous aider à comprendre ce qui est juste. Papa et maman seront toujours là pour nous expliquer, pour notre bien.

Devine quoi?

Nos parents nous aimeront toute leur vie. Leur amour ne se mesure pas : il est plus grand que tout ce que nous pouvons imaginer et ne s'éteint jamais. C'est pourquoi, va dès maintenant leur dire combien tu les aimes.

Rester à l'école montre aussi un bon comportement

Dieu veut que nous soyons sages et bien préparés pour l'avenir. Jésus enseigne aux enfants chrétiens à être intelligents dans leurs études. Il a dit :

« *Que le sage écoute et augmente son savoir, et que l'homme intelligent acquière de l'habileté.* » (Proverbes 1:5).

Aller à l'école, étudier avec sérieux et achever notre éducation nous aident à préparer notre avenir. Un jour, on t'appellera Monsieur, Mademoiselle, Madame ou encore Maître, parce que tu auras obéi à tes parents et travaillé dur. Cela facilitera ta vie future, car tu pourras subvenir à tes besoins et prendre soin de la famille que tu auras un jour. Dieu a de magnifiques projets pour notre avenir, mais nous devons être patients et nous concentrer sur notre croissance pour devenir des personnes fortes, sages et en bonne santé.

Jusqu'à ce que nous devenions adultes, nous devons continuer à partager tout avec nos parents : nos questions, nos sentiments, nos erreurs et nos joies. Ce sont eux nos premiers enseignants à chaque étape de notre vie. Moïse a dit :

« Instruis l'enfant selon la voie qu'il doit suivre ; et quand il sera vieux, il ne s'en détournera pas. » (Proverbes 22:6). Cela nous montre que nos parents contribuent à façonner notre avenir, et qu'il est essentiel de les écouter et d'apprendre d'eux dès notre jeunesse.

Jésus veut que chaque enfant reste en sécurité

Que nous soyons à l'école, dans la cour de récréation, chez un ami ou en ligne sur Internet, nous devons faire preuve de sagesse et prendre des décisions qui nous protègent. Si quelque chose paraît étrange, effrayant ou dangereux, nous devons le signaler.

« Je dis à l'Éternel : Tu es mon refuge et ma forteresse, mon Dieu en qui je me confie. » (Psaume 91:2).

Nous pouvons placer toute notre confiance en Jésus. Il utilise nos parents, ainsi que d'autres adultes de confiance, tels que nos enseignants ou nos médecins, pour veiller sur nous. Mais nous devons aussi avoir le courage de dire la vérité et de demander de l'aide quand c'est nécessaire.

La pureté dans nos choix

Être pur signifie aussi faire attention à ce que nous écoutons et à ce que nous regardons à la télévision ou sur Internet. Certaines chansons, vidéos ou jeux ne sont pas bons pour la croissance de notre cœur de chrétien.

Gabe, Esaïe et leur petit frère, Gershom, sont fiers d'être chrétiens. Ils ont appris à lire la Bible et posent souvent de nombreuses questions à leurs parents, ce qui montre leur curiosité et leur foi. Ils se rappellent ce verset : « *Je ne mettrai rien de mauvais devant mes yeux.* » (Psaume 101:3).

Cela nous rappelle qu'il est important de ne pas regarder ce qui est nuisible ou méchant.

Il est parfaitement normal de dire non à ce qui ne nous rapproche pas de Jésus. En cas de doute, nous pouvons demander conseil à nos parents pour faire des choix sûrs et sains. Garder notre cœur pur signifie aussi choisir de bons amis, qui veulent faire ce qui est juste, afin de nous aider à rester sur le bon chemin et à vivre avec bonté.

Grandir en foi, en bonté et en sagesse

Dieu veut que nous grandissions forts dans la foi, doux de cœur et sages d'esprit. Être pur ne signifie pas être parfait, mais choisir de suivre la voie de Dieu, même quand c'est difficile. Nous commettons parfois des erreurs, mais nous pouvons toujours nous tourner vers Dieu et nos parents pour obtenir de l'aide et le pardon.

« *Si nous confessons nos péchés, il est fidèle et juste pour nous pardonner et nous purifier de toute iniquité.* » (1 Jean 1:9).

Rester pur intérieurement est un choix de chaque jour, en marchant étroitement à la suite de Jésus.

En grandissant, souviens-toi de ceci : nos cœurs, nos esprits et nos corps sont des dons de Dieu. Nous les protégeons en restant proches de Jésus, en partageant tout avec nos parents et en faisant des choix sages. Nous attendons patiemment le jour où nous serons assez grands pour assumer nos responsabilités en tant qu'adultes.

Mais jusque-là, nous marchons dans la pureté, la vérité et l'amour.

« *Que personne ne méprise ta jeunesse ; mais sois un modèle pour les fidèles, en parole, en conduite, en charité, en foi, en pureté.* » (1 Timothée 4:12).

Tu es un enfant de Dieu, et Il est fier de toi !

Chapitre Onze

Pourquoi Jésus aime les enfants, nous sommes ses amis

Nous montrons son amour aux autres.

HEAVENLY CITIZEN

Jean était l'un des frères cadets de Jésus ; ils avaient les mêmes parents. Il faisait aussi partie des douze amis les plus proches et des disciples du Seigneur. Jean demeurait toujours fidèle à ce qui est juste. Un jour, il entendit certaines personnes répandre des mensonges au sujet de son frère, et il répondit, comme il est écrit en 1 Jean 4 :8 :

« *Celui qui n'aime pas n'a pas connu mon frère Jésus, car Jésus est l'amour* ! »

Dieu a créé les familles et les amitiés pour qu'elles soient remplies d'amour, de joie et de bienveillance. Le Seigneur Jésus dit :

« *Aimez-vous les uns les autres comme des frères et des sœurs. Rivalisez d'affection et de respect mutuel.* » (Romains 12 :10)

Chaque fois que je passe du temps avec mes cousines **Nicia, Ketia, Nilsa et Olivia**, nous parlons de notre amour pour Jésus, et c'est comme si nous étions enveloppés dans la grande étreinte de Dieu. Aimer Jésus nous rend encore plus proches en tant que famille. Il n'est pas seulement notre Sauveur, mais aussi notre meilleur ami, et il remplit nos cœurs de paix et de joie. Mes cousines sont parmi les enfants les plus doux et les plus merveilleux que l'on puisse rencontrer !

Nous nous amusons toujours énormément ensemble, et je rends grâce à Dieu de m'avoir donné une si belle et précieuse famille. *Et toi, peux-tu me parler de tes frères et sœurs ?*

En tant qu'enfants chrétiens, nous sommes appelés à aimer d'un cœur pur.

1 Timothée 1 :5 déclare :

« *La fin du commandement, c'est l'amour, qui procède d'un cœur pur, d'une bonne conscience et d'une foi sincère.* »

Quand je suis avec mes meilleurs amis, **Accisah**, **Josh** et **Abiellah**, nous ressentons cet amour et nous sommes remplis de joie. Ils sont plus âgés que mon frère et moi, mais ils nous traitent toujours avec bonté et respect. Leur amitié est empreinte de chaleur fraternelle, et ils sont eux aussi chrétiens. C'est ce qui la rend si vraie et si précieuse.

Les Voix des Anges le Jour de Mon Anniversaire

Je m'appelle Gershom et mon grand frère s'appelle Esaïe. Nous aimons célébrer les anniversaires avec notre famille et nos amis. Gabe, notre frère aîné et premier-né, aime aussi voyager les jours de fête, si bien que nos anniversaires deviennent souvent de petites aventures familiales.

Dans notre famille, un anniversaire ne se résume pas aux ballons, aux gâteaux, aux cadeaux ni aux fêtes. C'est avant tout un moment pour nous rassembler, remercier Dieu pour le don de la vie, nous appeler les uns les autres pour exprimer notre amour et partager la joie avec ceux que nous chérissons le plus.

Pour nous, les anniversaires sont les moments familiaux les plus précieux. Nous aimons aller de maison en maison pour rendre visite à la personne célébrée, échanger de petits présents et partager des paroles bienveillantes qui illuminent les visages. Pourtant, le cadeau le plus significatif n'est pas matériel : c'est lorsque nous nous serons tous dans les bras, prions ensemble et proclamons avec joie :

« **Joyeux anniversaire** ! « Ce moment ressemble à une couverture d'amour qui nous enveloppe de chaleur. Mon père conduit toujours la prière, remerciant Dieu pour la vie et lui demandant de bénir celui qui célèbre son jour.

Psaume 90:12 :

« *Enseigne-nous à bien compter nos jours, afin que nous appliquions notre cœur à la sagesse.* »

Mon Père, l'Homme Drôle

Permets-moi de te parler de mon père. C'est l'homme le plus drôle du monde... ou du moins, c'est ce qu'il pense, **ha ha** ! Depuis que nous sommes petits, il a sa façon bien à lui de rendre chaque *anniversaire inoubliable*. Lorsque j'avais sept ans, il a acheté un énorme chapeau en forme de gâteau d'anniversaire avec des bougies sur le sommet et m'a fait le porter toute la journée. Quand Esaïe a eu neuf ans, papa l'a surpris en chantant « *Joyeux anniversaire* » en trois langues différentes, alors qu'il n'en connaissait que quelques mots !

Mais le meilleur, c'est son « *conte d'anniversaire spécial* » qu'il considère comme indispensable. Chaque année, il nous raconte une histoire sur la manière dont Dieu nous a créés uniques et sur la manière dont nos vies ressemblent à des chapitres d'un livre que Lui seul continue d'écrire. Même si le récit varie un peu chaque année, le message demeure le même : Dieu nous a donné la vie à un but précis, et chaque anniversaire est un rappel de Son amour.

Psaume 118:24

« **C'est ici la journée que l'Éternel a faite ; réjouissons-nous et soyons dans l'allégresse**. »

Dans notre maison, les anniversaires sont marqués par de petites traditions. La veille, Papa décore le salon, tandis que Maman prépare un plat de surprise. Cela peut être un gâteau ou notre plat préféré, et c'est toujours un mystère. Papa appelle cela « le cadeau spécial pour ma belle Reine » parce que, pour lui, célébrer revient aussi à rendre hommage à son amour et à ses efforts en tant que mère.

Les Leçons des Anniversaires

Ce que j'aime le plus des anniversaires, ce ne sont pas les cadeaux, mais l'amour que nous partageons. Mon père nous le rappelle toujours : « Le plus beau présent n'est pas ce que tu tiens entre tes mains, mais ce que tu gardes dans ton cœur. « Cela signifie que la façon dont nous nous traitons les uns les autres vaut bien plus que n'importe quel objet. Des mots simples comme « **Je t'aime** », « **Merci** » ou « **Je suis fier de toi** » sont de véritables caresses pour le cœur, bien plus précieuses que tout cadeau.

Plus important encore, j'ai oublié de te dire que ma grand-mère Anna est à la fois une grande hugger et une poétesse de l'amour. Elle possède l'un des dons les plus précieux que Dieu puisse accorder : la capacité d'élever les autres par des encouragements. En tant qu'aînée, elle a toujours eu à cœur de se présenter avec grâce, portant même un parfum si agréable que personne dans la famille n'aurait manqué l'occasion de l'embrasser. Nous l'aimons profondément, et chaque instant passé avec elle est une bénédiction supplémentaire versée par le Seigneur.

Jésus lui-même nous a enseigné cela.

En Jean 13:34, Il a dit :

« Je vous donne un commandement nouveau : Aimez-vous les uns les autres ; comme Je vous ai aimés, Vous aussi aimez-vous les uns les autres. »

Les anniversaires nous rappellent que l'amour est le plus grand des dons. Ils ne consistent pas seulement à vieillir, mais aussi à grandir en amour, en bonté et en compréhension.

Nos fêtes d'anniversaire

Nous avons aussi la coutume de choisir un lieu différent pour chaque fête :

Un parc, une plage ou bien notre jardin transformé en **« camp d'anniversaire »** avec des tentes et des guirlandes lumineuses.

Peu importe l'endroit, la magie réside dans notre unité. Papa le dit souvent :

« Ce n'est pas le lieu qui rend la journée spéciale, mais les personnes qui l'emplissent de joie. »

Gabe anime les jeux, Esaïe fait des blagues, et moi… je suis celui qui mange trop de gâteau et se fait attraper !

Mais quoi qu'il arrive, nos anniversaires se terminent toujours par des rires, de la musique et une prière.

Pourquoi Jésus Aime-t-Il les enfants ?

Sais-tu pourquoi Jésus aime tant les enfants ?

Parce qu'ils ont un cœur ouvert, confiant et pur.

Lorsque les disciples voulurent les éloigner, Jésus dit : « ***Laissez venir à moi les petits enfants, et ne les en empêchez pas ; car le Royaume de Dieu est pour ceux qui leur ressemblent***. » (Marc 10:14)

Jésus aime aussi les anniversaires, car ils célèbrent la vie, et la vie est Son cadeau pour nous.

Jean 6:35

« *Jésus leur dit : Je suis le pain de vie. Celui qui vient à Moi n'aura jamais faim, et celui qui croit en Moi n'aura jamais soif*. »

Chaque fois que nous nous réunissons pour un anniversaire, j'imagine Jésus souriant du ciel, heureux de voir les familles unies dans l'amour. Il sait que lorsque nous nous célébrons mutuellement, nous Le célébrons aussi, car Il est la source de toute vie.

À chaque fête, papa veille à ce que nous pensions aux autres et pas seulement à nous-mêmes. Il nous rappelle de partager notre joie. Parfois, cela signifie offrir une part de gâteau à un voisin, appeler un parent ou rendre visite à une personne seule. Il dit : « Si Dieu nous a donné une année de plus, nous devons l'utiliser pour bénir les autres. »

Proverbes 11:25 :

« *Celui qui répand la bénédiction sera dans l'abondance, et celui qui arrose sera lui-même arrosé*. »

En d'autres termes, lorsque tu bénis les autres, tu es, en retour, béni. Les anniversaires sont une occasion idéale pour cela. Une année, au lieu d'échanger des cadeaux, notre famille a collecté des vêtements et des jouets pour les offrir à des enfants dans le besoin. Ce fut le plus bel anniversaire, car nous l'avoir offert nous a rendus plus heureux encore que de le recevoir.

Ainsi, qu'il s'agisse d'un anniversaire, d'un voyage en famille ou simplement d'un dîner à la maison, ce qui compte le plus, c'est l'amour que nous partageons les uns avec les autres. Le vrai bonheur dans une famille ne vient ni de l'argent ni de grandes maisons ni de voitures luxueuses. Il naît de ces petits instants du quotidien : rire ensemble, prier et se pardonner mutuellement, se soutenir à chaque saison de la vie.

Chaque anniversaire nous rappelle que nous sommes des citoyens du Royaume de Dieu. Notre vie ne se résume pas aux années que nous comptons sur la terre, mais à l'amour que nous partageons et à l'héritage que nous laissons derrière nous.

Comme le dit le roi David dans le Psaume 90:12 :

« *Enseigne-nous à bien compter nos jours, afin que nous appliquions notre cœur à la sagesse*. »

Alors, mon ami, lorsque ton anniversaire viendra, souviens-toi de ceci : ta vie est un don de Dieu, et ton amour est un présent pour les autres, sans papier-cadeau ni ruban, mais enveloppé de bonté, de joie et d'un cœur rempli de foi.

Chapitre Douze

L'amour des grands-parents

Pourquoi le respect est-il si important?

HEAVENLY CITIZEN

Nos parents font aussi partie de ce merveilleux cercle. La Bible dit : « *Les petits-enfants sont une couronne pour les vieillards, et les pères sont la gloire de leurs enfants.* » (Proverbes 17:6). Le fait que nos parents soient chrétiens et amis de Jésus signifie que nous grandissons dans une atmosphère de paix et d'harmonie. Jésus se sert de nos familles pour nous protéger, nous guider et nous rappeler que nous ne sommes jamais seuls. *Avoir des parents qui aiment Jésus est l'un des dons les plus sûrs et les plus solides de la vie.*

Jésus a enseigné aux enfants d'aimer les autres comme ils s'aiment eux-mêmes. En 1 Jean 4:8, il est écrit :

« *Celui qui n'aime pas n'a pas connu Dieu, car Dieu est amour*. « Aimer les autres montre donc que nous connaissons Dieu. Je pense à mes grands-parents, mamie **Concessa et papi Faustin**, et à l'amour inconditionnel et profond qu'ils nous ont donné. Ils sont une bénédiction de Dieu et des gardiens de ma vie. Leur amour m'apprend ce que signifie prendre soin de quelqu'un sans rien attendre en retour, comme le fait Jésus. Tout mon amour leur revient ; que Dieu les bénisse à jamais.

Aimes-tu tes grands-parents, toi aussi ?
Partage-le avec nous !

Les oncles et tantes font aussi partie de cette grande bénédiction familiale. Ils s'appellent **Mozy, Cédric, Feza, Denise, Longin, Donald, Marjorie, Herline, Frédérick, Cherline et Nadia. Carline, Myriam, Enude et Jean.**

Je leur suis vraiment reconnaissant. Ils sont comme des parents en plus : ils nous conseillent, prient pour nous, nous jouent et nous font découvrir de nouvelles choses.

Proverbes 27:9 dit :

« *L'huile et les parfums réjouissent le cœur ; ainsi, l'affection sensible d'un ami vaut mieux que les conseils d'un frère*. « La famille, c'est avant tout donner des conseils sincères, pleins d'amour, pour aider chacun à grandir et à s'épanouir. Voilà l'essence d'une famille chrétienne.

Puis il y a mon grand frère Gabe. Nous l'appelons « **Monsieur Gabe** », car il ressemble tellement à papa : aimable, charmant et respectueux. Il a déjà appris la chaleur et la politesse. Il agit comme mon second papa ! Il est drôle, affectueux et fort. Parfois, il oublie qu'il n'est pas en charge, mais je l'aime quand même, car il ne cherche qu'à me protéger ; c'est mon grand frère. Ses mots favoris sont : « Gershom, viens ici maintenant, tu m'entends ? « C'est un peu ce que fait Jésus pour nous !

En Éphésiens 4:32, il est dit :

« *Soyez bons les uns envers les autres, compatissants, vous pardonnant réciproquement, comme Dieu vous a pardonné en Christ*. « Le cœur de mon frère est rempli d'amour, et cela me donne un sentiment de sécurité et de joie quand je suis près de lui.

L'amour que nous partageons au sein de notre famille et parmi nos amis chrétiens n'est pas ordinaire ; c'est l'amour de Dieu qui rayonne à travers nous. Lorsque nous nous réunissons pour prier, jouer ou rire, c'est cet amour que David chantait : « ***Voici, qu'il est agréable, qu'il est doux pour des frères de demeurer ensemble*** ! » (Psaume 133:1). Cette unité est comme une couverture chaude qui nous protège en Jésus, nous apporte de la joie et nous rapproche de Dieu.

Naître dans une famille chrétienne est une bénédiction. Notre foi n'est pas seulement un sujet de discussion : elle oriente notre manière de vivre, d'aimer et de pardonner. Colossiens 3:14 dit : « ***Et par-dessus toutes ces choses, revêtez-vous de l'amour, qui est le lien de la perfection.*** « C'est cela qui rend ma famille si spéciale : nous sommes tous liés par Jésus, et rien ne peut briser ce lien.

Si je pouvais exaucer un vœu pour chaque enfant, ce serait celui-ci : grandir dans une famille comme la mienne, où chacun est ami avec Jésus, où l'amour est réel et où nous nous aidons mutuellement à marcher avec Dieu. Je sais que tout le monde n'a pas cette chance, et c'est pourquoi je remercierai Dieu chaque jour.

Le Psaume 100:5 affirme :

« ***Car l'Éternel est bon ; sa miséricorde dure à toujours, et sa fidélité de génération en génération.*** Jésus m'a placé dans cette famille pour une raison : l'amour, pour que je raconte mon histoire et rappelle à chaque enfant qu'il est aimé et merveilleusement fait, tel que le Seigneur Jésus-Christ l'a créé.

Maintenant, à toi de partager ! Nous voulons en savoir plus sur ta famille : avec qui aimes-tu passer du temps ?

As-tu une fête préférée où l'on rit, mange de bons plats et rend grâce à Dieu ? Gershom, Esaïe, Gabe et Jésus t'écoutent à cœur ouvert. Tout ce que tu dis est en sécurité auprès de nous : tes secrets sont précieux ; nous les garderons entre amis. La Bible dit : « Un ami aime en tout temps, et dans le malheur, il se montre un frère. » (Proverbes 17:17). Cela signifie que, quoi qu'il arrive, nous sommes là pour t'aimer et te soutenir !

Nous t'adressons tout notre amour, à toi et à ta famille, de nos cœurs aux tiens, au nom de notre Seigneur Jésus-Christ. Puissent ta maison et ton foyer être remplis de joie et de paix. Nous te prions aussi de faire de ton mieux à l'école, d'obtenir de bonnes notes et de recevoir de la sagesse et de la force pour être intelligent et faire de bons choix chaque jour.

Jésus dit : « *Car c'est à l'enfant que le Seigneur donne la sagesse ; de sa bouche sortent la connaissance et l'intelligence*. Il a rendu tous les enfants chrétiens intelligents pour une raison : afin qu'ils puissent aider les autres. N'oublie jamais que tu es réfléchi, aimable et exceptionnel aux yeux de Dieu. Qu'il te guérisse si tu es blessé ou triste, que ce soit dans ton cœur ou dans ton corps.

Seigneur Jésus,

Merci de m'aimer tant.

S'il te plaît, guéris mon corps et garde-moi en bonne santé. Donne-moi un esprit brillant et un cœur rempli de sagesse, afin que je puisse aider les autres enfants à apprendre, à grandir et à être heureux.

Aide-moi à partager ton amour avec mes amis chaque jour. Au nom de Jésus, je prie. Amen.

Si tu ne connais pas encore Jésus, ou si ta famille ne parle pas de Lui, ce n'est pas grave : tu peux toujours Le choisir toi-même ! Jésus t'aime tellement et Il attend d'être ton meilleur ami. Le Seigneur Jésus dit : « *Si tu confesses de ta bouche le Seigneur Jésus, et si tu crois dans ton cœur que* Dieu *l'a ressuscité des morts, tu seras sauvé.* »

(Romains 10:9). Tu peux Lui dire avec tes propres mots :

« *Jésus, je veux que Tu sois mon ami et mon Sauveur. Je crois en Toi* ! « C'est ainsi que tu deviendras membre de sa famille éternelle dans le Royaume de Dieu. Alors, tu seras chrétien : *l'un des quelque 2,9 milliards de disciples de Jésus.*

Dès maintenant, tu peux marcher avec assurance en tant que chrétien, enfant du Dieu Très-Haut et citoyen du ciel.

N'aie pas honte et n'aie pas peur de dire : « Je t'aime, Jésus !

« Il est toujours avec toi, partout où tu vas. Jésus dit :

« Je suis avec vous tous les jours, jusqu'à la fin du monde. » (Matthieu 28:20). Tu n'es jamais seul. Tu as désormais une grande famille de foi qui comprend Gabe, Gershom et Esaïe, tous enfants de Dieu. Bienvenue dans l'équipe ! Jésus sourit parce que tu es son nouvel ami, un chrétien et un citoyen du ciel !

La Sagesse des Anciens : Le Don de Dieu aux Enfants

Quand tu entends le mot « sagesse », *à quoi penses-tu ?*

Peut-être à l'école, aux livres, à l'intelligence, ou à un professeur expliquant une leçon. Mais savais-tu que l'une des sources de sagesse les plus précieuses que Dieu nous a données se trouve déjà dans nos maisons et nos familles ?

Oui, elle vient de la voix de nos grands-parents, de nos parents, de nos tuteurs, de nos beaux-parents, de nos oncles, de nos tantes, et même de nos frères et sœurs aînés. Ce sont les personnes que Dieu a placées dans nos vies pour nous guider, nous protéger et nous transmettre des leçons qui durent pour l'éternité. Ils sont comme une direction directe issue de Son Royaume céleste.

La Bible déclare en Proverbes 1:8 :

« *Écoute, mon fils, l'instruction de ton père et ne rejette pas l'enseignement de ta mère*. »

Dieu veut que nous écoutions attentivement les aînés dans nos vies, car ils possèdent une connaissance et une expérience que nous n'avons pas encore acquises. Les respecter n'est pas seulement une question de politesse ; c'est une marque de ce que signifie être un bon enfant de Dieu.

Pourquoi le respect est-il si important ?

Il ne se limite pas à dire « *s'il te plaît* » ou « *merci* ». Le respect se manifeste quand tu écoutes, obéis et traites les autres avec bonté. Un bon enfant de Dieu témoigne du respect non seulement envers les professeurs et entraîneurs, mais surtout envers ses aînés de famille. Pourquoi ? Parce qu'ils ont parcouru le chemin de la vie bien plus longtemps que nous. Ils savent ce qu'est la joie, ce que coûtent les erreurs et quelle sagesse est nécessaire pour grandir.

Quand tu respectes tes aînés, tu honores réellement Dieu.

Exode 20:12 dit :

« *Honore ton père et ta mère, afin que tes jours se prolongent dans le pays que l'Éternel, ton Dieu, te donne.* »

Respecter les autres attire des bénédictions. Cela montre à Dieu que tu es humble et disposé à apprendre, et Il récompense cet esprit par une vie bonne et abondante.

Pourquoi les paroles des anciens durent toute une vie

As-tu remarqué que beaucoup de gens citent encore leurs grands-parents ou leurs parents, même longtemps après leur départ ?

Certains disent : « **Ma grand-mère disait toujours**... » ou « **Mon père me rappelait souvent...** Ces paroles demeurent parce qu'elles portent en elles la vérité, l'amour et la sagesse. Les paroles sages ne s'effacent pas : elles deviennent comme des semences plantées dans nos cœurs.

La sagesse, c'est utiliser ce que l'on sait pour faire de bons choix, qui plaisent à Dieu et aident les autres. C'est comme une boussole intérieure qui indique la bonne direction, même quand c'est difficile.

Les chercheurs des universités ont étudié ce phénomène. Ils ont découvert que les enfants qui ont grandi en écoutant les histoires de leurs grands-parents ou de leurs parents s'en souviennent pendant de longues années. Même après le décès de leurs aînés, ces enfants emportent leurs leçons à l'âge adulte. Cela signifie que la sagesse est comme un coffre au trésor, un secret, un don pour chaque enfant : une fois donnée, elle t'appartient pour toujours.

Alors, la prochaine fois que ta grand-mère te raconte une histoire ou que ton père répète pour la dixième fois la même leçon, ne lève pas les yeux au ciel. Écoute ! Ces paroles pourraient être celles que tu porteras avec toi pour toute ta vie.

Pourquoi les grands-parents donnent le sentiment d'être « à la maison »

As-tu déjà ressenti cette chaleur particulière en rendant visite à tes grands-parents ?

Il y a quelque chose dans leurs câlins, leur cuisine, ou même dans la manière dont ils te sourient, qui te fait te sentir en sécurité et aimé. Les enfants se sentent souvent « **chez eux** » auprès de leurs grands-parents parce qu'ils incarnent la patience, la douceur et l'amour inconditionnel. Ils ne sont généralement pas pressés ; ils écoutent. Ils ont vécu assez longtemps pour comprendre que l'amour compte plus que l'agitation.

La Bible nous dit en Proverbes 17:6 :

« ***Les enfants des enfants sont la couronne des vieillards, et les pères sont la gloire de leurs fils***. »

Cela signifie que les petits-enfants sont la joie et la récompense des grands-parents. Ils aiment donner, prendre soin et contempler leur famille grandir. Voilà pourquoi tu peux toujours retourner chez eux : ils t'accueilleront à bras ouverts. Leur amour reflète l'amour de Dieu : toujours ouvert, toujours prêt à pardonner, toujours disposé à embrasser.

Voir l'amour de Jésus à travers nos aînés

Perçois-tu à quel point l'amour de Jésus brille à travers nos aînés ?

Les grands-parents, les parents, les oncles, les tantes et même les frères et sœurs aînés portent souvent Son amour dans leur cœur, pour que nous le découvrions. Chaque étreinte, chaque histoire, chaque conseil est comme un coffre rempli de l'amour de Dieu, prêt à être ouvert. Lorsque nous les écoutons et les respectons, nous n'apprenons pas seulement à vivre : nous découvrons à quel point Jésus nous aime à travers les personnes qu'il a placées dans notre famille.

Et ce ne sont pas seulement les grands-parents qui portent cette sagesse. Les beaux-parents, les tuteurs, les oncles et les tantes jouent également un rôle essentiel dans la vie des enfants. Parfois, Dieu les utilise comme voix supplémentaires de soin et de direction lorsque les parents ne sont pas présents. Les frères et sœurs aînés, eux aussi, peuvent nous guider, même s'ils ne réussissent pas toujours. Ils ont déjà emprunté le chemin de l'école, des amitiés et des choix de vie. En les observant, nous pouvons apprendre ce qu'il faut faire et, parfois, ce qu'il ne faut pas faire !

Chacun de ces aînés est comme une lampe que Dieu a placée sur notre route. Leur lumière nous aide à marcher droit et à éviter de trébucher. Lorsque nous les ignorons, c'est comme marcher dans l'obscurité sans lampe. Mais lorsque nous les écoutons et les respectons, nos pas sont guidés à la fois par leur sagesse et par la vérité de Dieu.

Ce que signifie être un bon enfant de Dieu

Être un enfant fidèle de Dieu ne se limite pas à lire la Bible et à prier ; cela se manifeste aussi par le respect dans la vie quotidienne. Quand ta grand-mère a besoin d'aide pour porter ses courses, tu n'attends pas qu'elle te le demande : tu prends l'initiative. Si tes parents te disent de finir tes devoirs avant de jouer, tu obéis avec joie. Quand ta tante raconte une histoire de son enfance, tu l'écoutes patiemment, sans l'interrompre. Ces petites actions montrent que tu apprécies la sagesse que Dieu a donnée à ta famille.

Jésus lui-même a montré du respect à ses parents terrestres. En Luc 2:51, la Bible dit : « Puis il descendit avec eux, alla à Nazareth, et leur était soumis. »

Même si Jésus était le Fils de Dieu, il obéissait à Marie et Joseph. Si Jésus a respecté ses parents, combien plus devrions-nous le faire !

Un jour, tes grands-parents ou tes parents ne seront peut-être plus là, mais leurs paroles demeureront. Tu te souviendras de leurs conseils, de leurs encouragements et de leur amour. Ces souvenirs te donneront de la force lorsque la vie sera difficile. Ils te rappelleront qui tu es et à qui tu appartiens : un enfant de Dieu.

Écoute attentivement dès maintenant, respecte profondément et chéris leurs histoires et leur amour. Un jour, tu pourrais toi-même être l'aîné de quelqu'un d'autre, celui dont les paroles seront citées des années plus tard, ou celui qui tiendra un petit-enfant dans ses bras, lui faisant sentir qu'il est chez lui.

La sagesse des anciens est l'un des plus grands dons que Dieu accorde. Parents, tuteurs, grands-parents, oncles, tantes et frères et sœurs aînés portent tous des leçons capables de nous aider à mieux vivre, à aimer plus profondément et à suivre Dieu plus fidèlement. Respecter ces aînés, ce n'est pas seulement être poli ;

c'est être un véritable enfant de Dieu, l'honorant en les respectant.

Alors, la prochaine fois que ton grand-parent t'embrasse, que ton parent te conseille ou que ton frère aîné t'apprend quelque chose, prends un moment pour remercier Dieu. Car chaque mot de sagesse, chaque câlin, chaque leçon est une bénédiction supplémentaire du Seigneur.

Prière

Père céleste,

Merci pour la sagesse de nos aînés : nos grands-parents, nos parents, nos tuteurs, nos beaux-parents, nos oncles, nos tantes et nos frères et sœurs aînés. Tu les as placés dans nos vies comme des dons de Ton Royaume pour nous guider, nous protéger et nous transmettre des leçons éternelles.

Seigneur, aide-moi à leur montrer du respect en toutes choses, non seulement en disant « **s'il te plaît** » et « **merci** », mais aussi en écoutant, en obéissant et en faisant preuve de bonté. Rappelle-moi que lorsque j'honore mes aînés, je T'honore également, comme Tu l'as commandé dans Ta Parole : « Honore ton père et ta mère, afin que tes jours se prolongent. » (Exode 20:12).

Merci pour nos grands-parents, dont les câlins nous rappellent Ton amour, dont les sourires reflètent Ta tendresse, et dont les histoires demeurent dans nos cœurs, même après leur départ. Merci à nos parents et tuteurs qui nous guident, à nos aînés qui marchent devant nous, et à chaque ancien qui brille comme une lampe sur notre chemin.

Seigneur Jésus, Toi qui as obéi à Marie et Joseph, aide-moi à marcher dans l'obéissance, l'humilité et l'amour. Enseigne-moi à valoriser les paroles de mes aînés, sachant qu'un jour, je pourrai être celui dont les paroles guideront d'autres.

Je t'élève ma gratitude pour chaque leçon, chaque histoire et chaque geste d'amour. Chacun d'eux est une bénédiction qui vient de Toi. Continue, s'il te plaît, à bénir ma famille, mes amis et tous ceux qui m'aident à grandir en tant qu'enfant de Dieu. Au nom de Jésus, je prie. Amen.

Maintenant, c'est ton tour d'envoyer ta prière à Jésus.

Cher Jésus,

Amen.

Chapitre Treize

Ma maison est un lieu de guérison

Que signifie être un enfant chrétien ? Nous appartenons au Royaume.

HEAVENLY CITIZEN

Ma maison est un lieu de Guerison

Notre maison ressemble à un nid douillet : tendre, sûr et baigné de paix. La joie jaillit des moindres détails : des étreintes chaleureuses, des prières du soir, des repas partagés et tant de rires. Quand je me sens faible ou triste, je sais que je peux trouver du repos dans ce lieu particulier que Dieu m'a donné, et j'en suis profondément reconnaissant d'avoir une famille et des amis chrétiens.

Le roi David déclare : « *Il te couvrira de ses plumes, et tu trouveras un refuge sous ses ailes* » (Psaume 91:4). Maman dit que notre maison n'est pas parfaite, mais qu'elle est remplie de l'amour de Dieu, et que cela suffit pour nous faire grandir forts dans l'esprit.

Quand quelque chose me trouble, je n'ai pas besoin de le cacher. Mes parents disent toujours que nous ne devrions jamais garder de secrets les uns des autres, et encore moins pour Jésus. Jésus a dit à ses amis dans Luc 8:17 : « *Car il n'est rien de caché qui ne doive être découvert, rien de secret qui ne doive être connu et mis en pleine lumière.* »

Savais-tu que Jésus connaît tout, même ce qui se cache dans nos pensées ?

Autrefois, je croyais que j'étais trop grand pour pleurer, trop fort pour parler de mes sentiments. Mais Papa et Maman me rappellent que l'honnêteté et la transparence sont la véritable source de force. Même Jésus a pleuré, comme il est écrit dans Jean 11:35 : « ***Jésus pleura***. « Il n'a jamais eu honte de parler à son Père.

Parfois, je me sens étrange en agissant comme un petit enfant auprès de mes parents, alors que je grandis. Mais Papa m'a dit que c'était normal et que je pourrais toujours me tourner vers lui. Dans Matthieu 18:3, Jésus déclare : « Je vous le dis en vérité, si vous ne vous convertissez pas et si vous ne devenez pas comme les petits enfants, vous n'entrerez pas dans le Royaume des cieux. « Être comme un enfant, dans l'amour et la confiance, n'est pas une faiblesse : c'est une force qui naît de la certitude d'être pleinement aimé.

Ainsi, même si le monde extérieur peut sembler confus ou effrayant, ma maison est ma tour forte. Comme le roi Salomon l'a écrit dans Proverbes 18:10 : « Le nom de l'Éternel est une tour forte ; le juste s'y réfugie et se trouve en sûreté. « Ma famille parle, prie et veille les uns sur les autres. Papa dit que nous devons rester vigilants, car la vigilance nous garde en sécurité et nous rend sages. Mais plus encore, nous faisons confiance à Jésus pour protéger nos cœurs et guider nos pas. Et chaque soir, avant de nous endormir, nous savons que l'amour, l'amour de Dieu, nous garde tous encore proches.

La puissance du toucher aimant et des paroles de guérison de mes parents

Bonjour, amis ! Es-tu un ami de Jésus ?

Quand tu as des problèmes, as-tu quelqu'un en qui tu peux avoir pleine confiance pour te confier ?

Pour moi, ces personnes sont mes parents. Les câlins de maman ressemblent à un rayon de soleil par temps nuageux. Ses bras m'enveloppent et toutes mes mauvaises émotions disparaissent.

Les paroles de Papa sont comme un bras puissant : elles me relèvent quand je suis découragé et m'aident à sourire à nouveau. Papa a un don particulier et j'aime être près de lui. Sa voix charismatique m'encourage chaque fois que je traverse une journée difficile. Leurs mains douces essuient mes larmes, et leurs voix pleines de tendresse me rappellent que je suis en sécurité et aimé.

Comme le dit Jésus : « **Les paroles agréables sont un rayon de miel, douces pour l'âme et salutaires pour le corps** » (Proverbes 16:24). Quand Papa et Maman parlent avec bonté, c'est comme si Jésus parlait à travers eux. Je prie pour que tu vives aussi une belle relation avec tes parents ou tes tuteurs.

L'amour de Jésus a une force incomparable. Il peut guérir tout cœur brisé, apaiser la tristesse et rétablir le courage. Il dissipe les peurs et redonne la paix. Lors de difficultés ou de désespoir, il est essentiel de prier Dieu pour obtenir sa guérison. Jésus sait toujours les paroles et les gestes justes pour secourir. Je crois que Dieu a confié aux parents un don particulier pour guérir, tout comme Jésus guérissait dans la Bible, par l'amour et la bonté.

Papa nous rappelle souvent de prendre soin de notre corps. Il dit : « *Notre corps est le temple de Dieu* », ce qui signifie que nous devons être attentifs à ce que nous mangeons, buvons et pensons. Dieu nous a créés uniques et nous devons nous traiter avec respect. Notre petit frère Gershom pose beaucoup de questions à Papa et, parfois, ses interrogations nous font tous rire. Mais Papa trouve toujours les meilleures réponses.

Un jour, Gershom a demandé : « Comment savons-nous que Dieu est saint ? Papa a souri et a dit : « Mangestu des fruits ? Gershom répondit : « Oui, mais quel rapport avec la sainteté ? Papa poursuivit : « **Existe-t-il un fruit sans protection** ? Gershom réfléchit longuement et répond : **« Non.** Alors Papa expliqua : « Dieu entoure chaque aliment qu'Il nous donne d'une couverture, une peau ou une coque, pour le protéger de la pluie, des insectes et de la poussière.

La sainteté de Dieu, c'est cela : le cœur de Dieu est pur et bon en tout temps. Il aime ce qui est juste et ne fait jamais de mal. Il nous apprend à protéger ce qui est bon, comme Lui-même le fait. C'est ainsi que nous savons qu'Il est plein d'amour et de bonté. « Les yeux de Gershom s'illuminèrent et il s'exclama : « **Dieu est un Dieu merveilleux** ! » » »

Maman fut si émue par les paroles de mon frère qu'elle lui demanda de prier. Elle dit : « Remercions Dieu pour toutes les manières dont Il nous protège, comme la peau protège un fruit. Nous avons tous acquiescé, fermé les yeux, joint les mains et prié. Ce fut une prière brève, mais elle a rempli nos cœurs d'une chaleur profonde. En ce moment, dans notre salon, entourés d'étreintes et de rires, nous avons ressenti l'amour de Jésus.

Qu'est-ce que cela signifie d'être un enfant chrétien ?

Être un enfant chrétien peut parfois sembler difficile, mais c'est aussi une aventure extraordinaire. Chaque jour apporte son lot d'épreuves et de bénédictions, et avec Jésus à nos côtés, chaque pas devient un chemin de foi, de courage et de joie. Avoir un lieu sûr où revenir chaque jour, c'est comme posséder un petit morceau de ciel sur la terre. Pour les enfants, un foyer rempli d'amour, de bonté, de paix et de prière est l'un des plus grands dons de Dieu.

Tous les enfants du monde n'ont pas ce privilège. C'est pourquoi les enfants chrétiens sont encouragés à être reconnaissants, à prier pour les autres et à garder leur cœur ouvert. La Bible nous rappelle : « ***Toute grâce excellente et tout don parfait descendent d'en haut, du Père des lumières*** » (Jacques 1:17). Nos maisons, nos familles et nos amitiés font partie de ces bénédictions. Les reconnaître comme des dons de Dieu nous apprend à les chérir, à les respecter et à en être reconnaissants.

Être vigilant et sage

Être un enfant chrétien signifie aussi être attentif et réfléchi, non seulement à l'école, mais aussi dans la vie quotidienne. Dieu nous a placés dans un monde où tout n'est pas sûr et où tout le monde n'est pas digne de confiance. C'est pourquoi il est essentiel de rester vigilant, de discerner le bien du mal et d'apprendre à reconnaître les personnes à qui nous pouvons confier notre cœur.

Proverbes 4:23 enseigne :

« Garde ton cœur plus que toute autre chose, car de lui jaillissent les sources de la vie. »

Cela signifie que nous devons veiller à nos pensées, à nos émotions et à nos choix, car ils façonnent ce que nous devenons. Un enfant sage ne suit pas les mauvaises influences, mais recherche ce qui est pur et bon.

Être intelligent ne consiste pas seulement à accumuler des connaissances ; c'est recevoir la sagesse de Dieu. La sagesse vaut mieux que l'or ou l'argent. *« Car l'Éternel donne la sagesse ; de sa bouche sortent la connaissance et l'intelligence »* (Proverbes 2:6). Quand nous écoutons Dieu, nous recevons un discernement qui dépasse tout ce que nous pourrions apprendre par nous-mêmes.

L'amitié avec Jésus : le choix le plus sage pour chaque enfant

Être l'ami de Jésus, ce n'est pas seulement se dire chrétien ou prétendre croire. L'amitié avec Jésus, c'est marcher avec Lui chaque jour, partager son cœur dans la prière et apprendre Ses paroles pour les mettre en pratique.

Jésus lui-même a dit :

« Vous êtes mes amis si vous faites ce que je vous commande » (Jean 15:14). Il ne nous appelle plus

serviteurs, mais amis. En tant qu'enfants de Dieu, nous appartenons à son Royaume céleste et faisons partie de sa famille pour l'éternité.

Être son ami nous rend forts et confiants. Cela nous donne la paix quand nous avons peur, la joie quand nous sommes tristes et le courage quand nous sommes incertains. Un véritable ami ne nous abandonne jamais, et Jésus nous promet : « *Et voici, je suis avec vous tous les jours, jusqu'à la fin du monde* » (Matthieu 28:20).

Enfants du Royaume

En tant qu'enfants de Dieu, nous devenons également plus vigilants et plus attentifs. Nous commençons à discerner la différence entre le bien et le mal. Nous apprenons à choisir l'honnêteté plutôt que le mensonge, la bonté plutôt que la colère et la foi plutôt que la peur.

Paul écrivit au jeune Timothée :

« ***Que personne ne méprise ta jeunesse ; mais sois un modèle pour les fidèles, en parole, en conduite, en amour, en foi, en pureté*** » (1 Timothée 4:12).

Ce verset montre que même les enfants peuvent être des leaders dans le Royaume de Dieu, en donnant l'exemple de ce que signifie vivre pour Christ.

Connaître Dieu nous rend véritablement intelligents, de sorte que le monde ne peut pas nous mesurer. L'intelligence ne consiste pas seulement à obtenir de bonnes notes, mais aussi à comprendre la Parole de Dieu et à la mettre en pratique. « *La crainte de l'Éternel est le commencement de la sagesse, et la science des saints est l'intelligence* » (Proverbes 9:10).

Se protéger soi-même et protéger chaque enfant sous la garde de Jésus

Dieu veut que Ses enfants demeurent en sécurité. Cela signifie que nous devons apprendre à nous protéger contre le mal. Parfois, cela implique de parler lorsque quelque chose est injuste, de prévenir un adulte de confiance ou d'éviter un danger. Dieu nous donne la sagesse afin que nous puissions faire de bons choix.

Le roi Salomon a écrit dans Proverbes 27:12 :

« **L'homme prudent voit le mal et se cache ; les simples avancent et sont punis**. »

Si nous remarquons quelque chose de dangereux, nous devons agir avec sagesse, que ce soit en prévenant un enseignant ou un parent, en demandant de l'aide, en appelant la police ou en nous éloignant.

Mais notre responsabilité ne s'arrête pas à nous-mêmes. Dieu nous appelle aussi à prier pour les autres et à les protéger. Jésus nous enseigne à aimer notre prochain comme nous-mêmes (Marc 12:31). Cela inclut chaque enfant dans le monde qui aspire à un foyer sûr, à une famille aimante et à la joie de l'amitié.

Prier pour tous les enfants

En tant qu'enfants chrétiens, nous avons une grande puissance. Jacques 5:16 nous dit :

« La prière fervente du juste a une grande efficacité. Quand nous prions pour les autres enfants, Dieu écoute.

Nous pouvons lui demander de donner à chaque garçon et à chaque fille un bon foyer, des parents aimants et la sécurité lorsqu'ils voyagent ou qu'ils vont à l'école.

Jésus se soucie profondément des enfants. Il a dit : « *Laissez venir à moi les petits enfants, et ne les en empêchez pas ; car le Royaume des cieux est pour ceux qui leur ressemblent »* (Matthieu 19:14).

Chaque enfant compte pour Lui. Et lorsque nous prions, nous manifestons notre amour et notre soutien, en nous alignant sur le cœur compatissant de Jésus.

Nous devons prier pour les enfants pauvres, malades ou seuls, en demandant à Dieu de leur donner l'espoir et la guérison. Nous devons prier pour les enfants vivant dans des lieux dangereux, afin que Dieu les garde en sécurité. Et nous devons prier pour ceux qui ne connaissent pas encore Jésus, afin qu'ils découvrent Son amour et deviennent membres de Sa famille.

Vivre avec Dieu : entre défis, joie et aventure

La vie avec Dieu ne consiste pas seulement à affronter des épreuves, mais aussi à goûter à la joie et à l'aventure. Les moments en famille, après l'école, lors d'un jeu ou d'un voyage, deviennent des occasions de célébrer la bonté de Dieu.

Le Psaume 133:1 proclame :

« *Voici, oh ! Qu'il est agréable, qu'il est doux pour des frères de demeurer ensemble !* »

Quand les familles rient, prient et partagent des expériences, elles créent des souvenirs qui reflètent la joie du ciel. Même des activités simples, comme un repas ou une promenade au parc, peuvent devenir des instants sacrés lorsque nous nous rappelons la présence de Dieu à nos côtés.

Avec le Seigneur, tout est possible. « **Aux hommes, cela est impossible, mais à Dieu, tout est possible** » (Matthieu 19:26). Même les plus grands défis peuvent devenir des victoires lorsque nous lui faisons confiance. Même les journées les plus sombres peuvent s'achever dans l'espérance lorsque nous nous appuyons sur Ses promesses.

Nous sommes les enfants du Royaume

Être un enfant chrétien, c'est vivre avec courage, sagesse et joie. Ce n'est pas toujours facile, mais c'est l'aventure la plus merveilleuse de toutes. Avec Jésus comme ami, nous ne sommes jamais seuls. Avec la Parole de Dieu comme guide, nous sommes toujours prêts. Avec le Saint-Esprit dans nos cœurs, nous sommes aimés pour l'éternité.

Souviens-toi donc, cher enfant : tu es un fils ou une fille du Roi des rois. Tu appartiens à Son Royaume dès maintenant et pour toujours. Vis avec sagesse, reste vigilant, protège-toi, prie pour les autres et profite de chaque aventure avec ta famille et le Seigneur.

Car il est écrit : « ***Je puis tout par celui qui me fortifie*** » (Philippiens 4:13).

La prière de Gershom

Père céleste,

Jésus, merci pour ma famille.

Mon papa et ma maman sont merveilleux : s'il te plaît, bénis-les.

Mes frères sont formidables : bénis-les aussi.

Et bénis chaque enfant dans le monde. Donne-leur la paix, des câlins et ta protection. Accorde-leur toujours de quoi manger.

Au nom de Jésus, je prie. **Amen**

Chapitre Quatorze

Que ferait Jésus ?

La morale du bien et du mal

HEAVENLY CITIZEN

*Q*ue ferait Jésus?

Nous sommes peut-être des enfants, mais nous sommes capables de distinguer le bien du mal. Dieu ne nous a pas créés trop jeunes pour nous soucier des autres ; Jésus nous a donné de grands cœurs, même dans de petits corps ! Quand nous voyons quelqu'un dans le besoin, même si nous n'avons pas ce qu'il lui faut, nous pouvons agir. Nous pouvons nous soucier de lui, en parler à nos parents, ou encore prier. Être un enfant ne signifie pas être impuissant. Jésus se réjouit lorsque les enfants aident les autres, car cela prouve à quel point ils ont compris son amour.

Un jour à l'école, mon frère Gershom et moi avons remarqué quelque chose d'inhabituel. Un garçon est arrivé avec des vêtements sales. Ses chaussures étaient cassées et son sac à dos était usé et abîmé. Les autres élèves se sont mis à rire et à le montrer du doigt. Cela nous a attristés. Sans hésiter, Gershom et moi nous nous sommes regardés et avons dit en même temps : « Que ferait Jésus ? Cette question a guidé notre choix.

Nous ne sommes pas de simples enfants ; nous sommes les amis de Jésus, et nous savions dans nos cœurs qu'Il aurait aidé ce garçon. Alors, nous sommes allés vers lui et nous sommes tenus à ses côtés, en disant aux autres : « C'est notre ami. Le garçon fut surpris et timide, mais lorsqu'il a souri, nous avons compris que nous avions fait le bon choix : parfois, agir correctement signifie soutenir quelqu'un quand personne d'autre ne le fait.

Plus tard dans la journée, en rentrant à la maison, nous avons raconté à Papa ce qui s'était passé. Comme tu le sais, Papa est un homme de Dieu très généreux. Il dit toujours : « Donner est le moyen le plus rapide de recevoir davantage de Dieu. Il nous a écoutés attentivement, puis il a dit : « *De quoi avez-vous besoin pour aider votre ami ? J'ai cligné des yeux : avait-il vraiment dit cela* ? Oui ! Il voulait nous aider.

Gershom déclara : « Ésaïe, nous allons aider ce garçon. Cela faisait du bien d'accomplir un acte de bonté. Il s'appelait Petit James. Devine quoi ?

Gabe a voulu l'aider lui aussi ! Il était déjà au collège, mais il est venu se joindre à nous. Quand il a demandé le nom du garçon, nous avons répondu : « **Il s'appelle Petit James**. Gabe sourit et dit : « **Ce n'est pas son vrai nom. Il s'approcha du garçon et lui dit :** « Bonjour, comment t'appelles-tu ? »

Le garçon répondit : « Je m'appelle Petit James. Gabe secoua la tête et dit : « Non, ça, ce n'est pas ton nom. À partir d'aujourd'hui, tu t'appelleras Monsieur James. »

Le garçon afficha un immense sourire et répéta sans cesse : «

Je m'appelle Monsieur James ! »

Tu sais quoi ? C'est exactement comme lorsque tu deviens chrétien : Jésus te donne un nouveau nom. Tu deviens citoyen de Son Royaume céleste, et tu te découvres **environ 2,9 milliards** de frères et sœurs dans le monde entier qui t'aiment déjà !

Nous sommes allés faire des courses ! Pas pour nous, mais pour notre nouvel ami. Nous lui avons acheté un nouveau sac à dos, des chaussures, des vêtements propres et des fournitures scolaires. Et le plus beau ?

Le lendemain, notre ami est arrivé à l'école, souriant et bien habillé, et s'est assis avec nous à la cafétéria. Il n'était plus seul. Il avait désormais des amis, les amis de Jésus.

Maintenant, laisse-moi te poser une question : Qu'aurais-tu fait à notre place ? Aurais-tu continué ton chemin ou aurais-tu aidé ?

As-tu déjà aidé un ami dans le besoin ? Aider peut être aussi simple que partager ton crayon ou aussi important que donner ton repas à un camarade affamé. La taille du geste n'a pas d'importance ; ce qui compte, c'est ton cœur.

Jésus a dit que ceux qui sont bénis et possèdent davantage que les autres ne doivent pas être orgueilleux ni égoïstes. Au contraire, ils doivent rester humbles et chercher à aider ceux qui sont moins favorisés. La prochaine fois que tu vois quelqu'un dans le besoin, pousse-toi cette question : « Que ferait Jésus ? Puis, n'hésite pas : agis, implique-toi et partage.

Et si tu n'as rien à donner à quelqu'un dans le besoin, ce n'est pas grave. Tu peux toujours aider en priant pour lui dans ton cœur, en demandant à Dieu d'envoyer quelqu'un pour répondre à ses besoins. N'oublie pas que la prière est un précieux cadeau, car elle jaillit d'un cœur aimant et que Dieu entend chacune de nos paroles.

Gershom a dit : « ***L'amour n'est pas seulement un sentiment, c'est une action***. »

Réfléchissons à cela : lorsque nous partageons notre nourriture ou que nous donnons quelque chose à quelqu'un dans le besoin, cela peut sembler que nous perdions quelque chose. Mais est-ce vraiment le cas ? Pas du tout ! Souviens-toi, Jésus nous a promis de nous bénir en retour. Papa disait souvent : « **Donner est le moyen le plus rapide de recevoir de Dieu** », et c'est vrai ! Chaque fois que le Seigneur nous bénit, c'est une double bénédiction. Il ne nous rend pas seulement ce que nous avons donné ; il nous bénit au double, de sorte que nous recevons plus encore que ce que nous avons partagé.

Jésus a dit un jour : « *Je vous bénis afin que vous soyez une bénédiction pour les autres.* « Maman dit toujours la même chose. Un jour, je lui ai demandé : « Maman, pourquoi donnes-tu tes vêtements et tes chaussures aux autres ? Elle a souri et a répondu : « Parce que je n'en ai pas besoin pour l'instant, et Jésus m'en donnera de meilleurs plus tard. « Wooooh. Voilà une façon sage de donner. Et toi, donnes-tu ainsi ? *Peux-tu partager un exemple de quelque chose de précieux que tu aies offert* ?

Partage ton histoire

Et maintenant, c'est ton tour de partager. As-tu déjà aidé quelqu'un de ta famille ? Peut-être que toi et tes parents avez offert de la nourriture, des vêtements ou un cadeau à une personne dans le besoin. Comment t'es-tu senti ? Laisse-moi deviner : tu t'es senti bien. Ce sentiment, c'est Jésus qui sourit dans ton cœur.

Nos parents font un don chaque année. Nous visitons aussi des hôpitaux pour enfants, des établissements où les petits malades reçoivent des soins. Non seulement nos parents soutiennent l'hôpital, mais ils viennent aussi en aide aux familles en difficulté. La dernière fois, nous avons visité un hôpital pour enfants à Boston, dans le Massachusetts. Veux-tu connaître un petit secret amusant ?

Voici l'histoire : mon frère Gershom a du mal à prononcer le mot « *Massachusetts* ». Il disait « ***massachouzeet*** », ce qui nous faisait tous éclater de rire, et lui aussi riait avec nous ! Notre papa l'a aidé à découper le mot en syllabes : « ***Massachu-setts*** ». C'était déjà mieux, n'est-ce pas ? Mais à ce stade, mon frère n'y prête plus vraiment attention : il le prononce toujours à sa façon, avec beaucoup d'humour. Et toi, y a-t-il des mots que tu trouves difficiles à dire ? Ne t'inquiète pas, Jésus te comprend parfaitement. Partage avec nous...

Un hôpital béni pour les enfants

Le *Boston Children's Hospital* est l'un des meilleurs hôpitaux pour enfants, non seulement aux États-Unis, mais dans le monde entier ! Il est associé à la prestigieuse Harvard Medical School, où les médecins apprennent à soigner les enfants. Cet hôpital est particulier, car il offre des soins de grande qualité tout en permettant aux médecins de continuer à apprendre à aider les enfants à guérir. « Tout don excellent et tout cadeau parfait viennent d'en haut »

Jacques 1:17 :

Un hôpital qui prend soin des enfants est véritablement un don de Dieu, car Jésus a dit : « Le Royaume des cieux est pour ceux qui leur ressemblent. »

En entrant, on a presque l'impression d'entrer dans un hôtel cinq étoiles. Tout brille et est impeccablement propre. Les chambres sont privées, chacune offrant à l'enfant un espace sûr rien qu'à lui. Mais elles ne sont pas austères : elles regorgent de jouets, de jeux et de livres pour égayer le séjour des petits patients. « La joie de l'Éternel est la force de chaque enfant » (Néhémie 8 :10), et parfois, cette joie se manifeste par des choses tout simples, comme un bon livre chrétien ou un jeu amusant.

Le sourire d'Esther

Un jour, nous avons rencontré une fille prénommée Esther. Elle avait onze ans et débordait de vie. Malgré sa maladie, elle avait le sourire le plus lumineux. Elle racontait des blagues drôles, adorait lire des bandes dessinées et son rire était tellement contagieux que tout le monde riait avec elle. Esther souffrait d'une maladie appelée drépanocytose, qui la rendait parfois très fatiguée ou lui causait des douleurs. Mais, comme Paul l'a écrit :

« Réjouissez-vous toujours dans le Seigneur »

(Philippiens 4 :4), Esther gardait sa joie en toutes circonstances.

Elle devait se rendre à l'hôpital chaque mois, parfois pour y rester plusieurs jours. Son anniversaire approchait, alors ma mère a discuté avec ses parents de la manière dont nous pourrions rendre ce jour spécial. Nous avons appris qu'Esther aimait lire et rire, alors nous lui avons apporté des livres et des jouets. « Il y a plus de bonheur à donner qu'à recevoir »

Actes 20 :35 : et ce jour-là, nous avons ressenti profondément cette bénédiction dans nos cœurs.

Servir avec les dons reçus

Sa maladie nécessitera beaucoup de temps et de soins. Elle aura besoin de ses médecins et infirmières, de ses parents et de ses amis pour l'accompagner pas à pas. En la regardant, je me suis demandé : « **Et si je devenais médecin un jour** ? »

Ou infirmier ? Ou même bienfaiteur, pour aider les enfants comme Esther ? « *Que chacun de vous mette au service des autres le don qu'il a reçu, comme de bons dispensateurs de la grâce de Dieu sous ses diverses formes* » *(1 Pierre 4 :10). Car Dieu peut se servir de chacun pour bénir les autres.*

Aider les autres va bien au-delà de simplement donner des médicaments. Certains choisissent d'offrir de l'argent, d'apporter des cadeaux ou simplement de rendre visite pour discuter et faire sourire les enfants. Savais-tu que des grands-parents viennent avec leurs chiens dressés pour égayer la journée des petits malades ? Voilà exactement ce que Jésus aime :

Des cœurs pleins de compassion. « N'aimons pas en paroles et avec la langue, mais en actions et avec vérité » (1 Jean 3 :18). Chaque petit acte de bonté reflète fidèlement l'amour de Dieu.

Une mission pour chacun de nous

De nombreux enfants, comme Esther, ont besoin d'amour, de bonté et de soins partout dans le monde. Certains sont hospitalisés, d'autres restent à la maison, mais tous ont besoin de compassion. Jésus a dit : « Chaque fois que vous l'avez fait à l'un de ces plus petits de mes frères, c'est à moi que vous l'avez fait. « Aider quelqu'un, c'est comme aider Jésus lui-même.

Et toi ? Qu'aimerais-tu devenir quand tu seras grand ? Médecin, enseignant, serviteur ou peut-être un ami qui apporte des sourires ? Le monde a besoin de davantage d'aide au grand cœur, tout comme toi. « Que votre lumière brille ainsi devant les hommes, afin qu'ils voient vos bonnes œuvres et glorifient votre Père qui est dans les cieux. Car toi, comme nous tous, tu appartiens au Royaume des cieux.

Une équipe de héros

Mon frère a voulu garder un souvenir de cette visite. Il a posé des questions, interviewé des personnes et dressé la liste des professionnels médicaux et du soutien qui accompagnent les enfants atteints de drépanocytose :

Les Héros de l'Hôpital

A. Pédiatre : médecin chargé de la santé générale des enfants.

B. Hématologue : spécialiste du sang, qui comprend la drépanocytose.

C. Infirmier / Infirmière: assure les soins quotidiens et administre les médicaments.

D. Aide-soignant(e) : soutient les infirmières auprès de l'enfant.

E. Spécialiste de l'enfance hospitalière: aide les enfants à se sentir à l'aise et heureux à l'hôpital.

F. Psychologue : accompagne les émotions et les sentiments de l'enfant.

G. Travailleur social : aide les familles à trouver des soutiens et des ressources financières.

H. Pharmacien : délivre les bons médicaments et en explique l'usage.

I. Kinésithérapeute : aide l'enfant à bouger et à rester fort.

J. Nutritionniste : Veille à ce que l'enfant ait une alimentation saine pour guérir et avoir de l'énergie.

K. Enseignant scolaire : permet à l'enfant de poursuivre ses études à l'hôpital.

L. Aumônier hospitalier : prie et encourage la famille avec la Parole de Dieu.

M. Ergothérapeute: accompagne l'enfant dans les gestes du quotidien.

N. Conseiller génétique : informe les familles sur la maladie et la planification future.

O. Bénévoles : apportent des jouets, des jeux et des sourires aux enfants.

P. Donateurs et parrains : offrent de l'argent ou du matériel pour financer les soins.

Un jeu éducatif

Sur le chemin du retour, Gershom et Esaïe se sont amusés à utiliser uniquement les lettres de A à P (A, B, C, D, E, F, G, H, I, J, K, L, M, N, O, P) pour explorer des mots liés à la médecine et à l'anatomie. Cela s'est transformé en un défi amusant et éducatif, où nous cherchions de vrais termes sans dépasser la lettre P.

Veux-tu participer **? Dis-nous si nous avons oublié des mots !**

Parties du corps, anatomie, termes médicaux, outils et maladies

Abdomen, bile, os, oreille, œil, visage, fibula, main, hanche, mâchoire, genou, lèvres, lobe, membre, poumon, paume. Anémie, coma, rhume, œdème, glande, labo, lobe, douleur, panique, bandage, bassin hygiénique, pince, examen, lampe, pansement, stylo, comprimé, épingle.

Chapitre Quinze

Des millions d'enfants n'ont jamais entendu parler de Jésus

Connais-tu des enfants qui n'ont jamais entendu parler de Jésus ?

HEAVENLY CITIZEN

Des millions d'enfants dans le monde n'ont jamais entendu parler de Jésus.
Imagine un instant ! Tant de garçons et de filles comme toi n'ont jamais connu le plus grand ami qui ait jamais existé. Ils n'ont jamais entendu parler de Son amour pour eux, de Son sacrifice, ni de Son désir de marcher à leurs côtés chaque jour. Voilà pourquoi ce message est essentiel : quelqu'un comme toi peut partager cette merveilleuse nouvelle avec ses amis.

Connais-tu des enfants qui n'ont jamais entendu parler de notre Seigneur Jésus-Christ ?

Peut-être dans ton quartier, à l'école ou dans les lieux où tu joues, certains ne savent pas qui est Jésus. Ce n'est pas leur faute. Personne ne leur en a parlé. Mais toi, tu peux être celui ou celle qui changera cela en leur annonçant. Jésus aime utiliser les enfants comme toi pour partager Son amour avec les autres, de manière douce et belle : par des gestes de bonté, en racontant des histoires ou en priant pour tes amis qui ne Le connaissent pas encore.

C'est le moment ! Si tu ne connais pas encore assez de choses sur Jésus pour en parler, **demande à ton papa ou à ta maman** ce qu'ils savent. Ils t'aideront à comprendre et ensuite tu pourras, toi aussi, partager la Bonne Nouvelle.

Et toi, connais-tu suffisamment d'histoires sur Jésus pour les raconter aux autres ?

Si oui, c'est merveilleux ! Sinon, ne t'inquiète pas : tu apprends maintenant. Jésus te connaît et a voulu que tu lises ce message. Tu n'es pas ici par hasard. *Que ta famille t'emmène à l'église, à la mosquée ou nulle part, Jésus veut que tu saches qu'Il te voit, qu'Il t'entend et qu'Il t'aime plus que quiconque.*

Peut-être vas-tu déjà à l'église et as-tu déjà entendu parler de Jésus ? C'est une grande bénédiction ! Ou peut-être viens-tu d'un autre milieu et n'as jamais vraiment entendu parler de Lui. C'est aussi très bien, car Jésus accueille chacun, sans distinction d'origine ni d'apparence. Et il veut devenir ton ami pour toujours. Cette lettre, écrite avec amour, est adressée à toi par Jésus. *Oui, toi ! Ici, maintenant. Tu es son nouvel ami.*

Tu es un enfant très spécial. Ta famille est précieuse ; tes amis le sont aussi. Et aujourd'hui, tu possèdes quelque chose de plus précieux encore : la vérité sur Jésus. Il veut que tu partages cet amour et que tu offres ce message comme cadeau. Tu pourrais dire à ton ami, à ton frère, à ta sœur ou même à tes parents :

« **Jésus t'aime.** « Cette simple phrase pourrait transformer toute une vie.

Une lettre d'amour de Jésus

Jésus dit :

« Bonjour, mon enfant. **Tu es désormais mon ami**. Je m'appelle

Jésus. »

N'est-ce pas extraordinaire ? Le Fils de Dieu, le Sauveur du monde, veut être ton ami ! Je ne suis pas loin. Je suis toujours tout près de toi. Je suis à tes côtés, en ce moment même où tu lis ces lignes. Je connais ton prénom, tes jeux préférés, tes couleurs préférées et même tes pensées les plus secrètes. Et aujourd'hui, je te dis : « **Tu es mon ami spécial pour toujours.** »

Tu es aimé, tu es fort, tu es bon et plein de vie, tu es intelligent, tu es merveilleusement créé : tu es mon ami extraordinaire.

À partir de maintenant, rien ne pourra jamais te séparer de mon amour ; notre amitié durera éternellement.

Avec tout mon amour,

Jésus, ton meilleur ami.

Jésus a dit : « Je suis omniscient. Cela veut dire qu'Il connaît tout : ton passé, ton présent et ton avenir.

« Je sais ce qui te fait rire et ce qui te fait pleurer. Je connais tes rêves, tes peurs et tes secrets. »

Et devine quoi ? « Mon amour pour toi est plus profond que celui de quiconque. C'est ce qui fait de moi un si bon ami. Tu peux tout me dire, à tout moment. »

Parler à Jésus comme à un ami

Chaque fois que tu es triste, inquiet ou perdu, Jésus te dit : «

Viens à moi, mon enfant. »

Tu n'as pas besoin de mots compliqués pour prier. Tu n'as pas besoin de micro, de parler fort ni de monter sur scène. Parle simplement à Jésus comme à un ami à côté de toi. Murmure si tu veux, crie si tu en as besoin quand tu es seul. Il t'écoute toujours. Il entend chaque prière des enfants. Et plus encore, il promet d'y répondre. Il t'aidera, te soutiendra et guérira ton cœur.

Jésus a prouvé son amour de la manière la plus extraordinaire qui soit : il est mort sur la croix, portant les péchés du monde, y compris les tiens. Mais il n'est pas resté dans la tombe. Trois jours plus tard, il est revenu à la vie ! Pourquoi ? Pour montrer que rien, pas même la mort, ne pouvait arrêter son amour pour toi. Voilà ce qui rend Jésus unique. Il n'est pas seulement ton ami ; il est ton Sauveur.

Il a dit : « Et tout ce que vous demanderez en mon nom, je le ferai, afin que le Père soit glorifié dans le Fils. Si vous demandez quelque chose en mon nom, je le ferai » (Jean 14:13-14).

Jésus est toujours avec toi

Jésus se réjouit avec toi. Quand tu es inquiet, il t'apporte sa paix. Il ne t'abandonne jamais, il ne t'oublie jamais, il ne se détourne jamais de toi. Jésus est toujours à tes côtés. Tout ce qu'Il demande, c'est que tu gardes ta foi en Lui.

Et toi, veux-tu croire en ce Jésus qui t'aime tant ? Veux-tu être son ami ? Il te suffit de lui parler en disant : « Jésus, *je crois en Toi. Je veux être ton ami pour toujours.* »

Puis, va le partager avec d'autres, car il y a encore des millions d'enfants dans le monde qui n'ont pas entendu parler de Lui. Grâce à toi, ils entendront Sa voix. Et à cause de ton message, ils deviendront chrétiens, amis de Jésus.

Jésus a dit à tous Ses amis :

« Fortifie-toi et prends courage. Ne crains point. Car l'Éternel, ton Dieu, marchera Lui-même avec toi ; Il ne te délaissera point, Il ne t'abandonnera point »
(Deutéronome 31:6).

Tu n'es jamais seul
Aucun enfant ne peut se cacher de Jésus ! Tu le savais ? Le roi David a écrit :

« Où irais-je loin de ton Esprit, et où fuirais-je loin de ta face ?

Si je monte aux cieux, tu y es ;

Si je me couche au séjour des morts, t'y voilà.

Si je prends les ailes de l'aurore et que j'aille habiter au-delà des mers,

Là aussi ta main me conduira, et ta droite me saisira »
(Psaume 139:7–10).

Le Seigneur Jésus veut que tu saches que Sa présence t'accompagne partout : à l'école, à la maison, au terrain de jeu ou dans ton lit le soir. Dans la solitude comme dans la joie, il se réjouit avec toi. Quand tu as peur, il t'apporte la paix. Il reste toujours fidèle : jamais il ne t'oublie, jamais il ne t'abandonne.

L'histoire de Diane

Un jour, j'ai demandé à mon amie Diane pourquoi elle ne croyait pas en Jésus. Elle m'a regardé un instant, puis m'a dit :

« **Quand j'étais enfant**, mes parents m'emmenaient à l'église. Mais maintenant que je suis plus grande, je n'en vois plus l'intérêt. Je ne pense pas que ce soit réel. »

Sa réponse m'a rendu triste, mais elle m'a aussi donné du courage. Tu vois, je n'avais pas besoin de lui répondre seul. J'avais le Seigneur avec moi, ainsi que mon petit frère Gershom. Il est plus jeune que moi, mais parfois Dieu se sert des voix les plus jeunes pour proclamer la vérité la plus forte.

David a écrit : « **Par la bouche des enfants et des nourrissons tu as fondé ta gloire** » (Psaume 8:2). Et ce jour-là, Gershom était prêt à prêcher.

Gershom explique

Gershom a regardé Diane avec un grand sourire. Puis il lui a demandé :

« Crois-tu que l'obscurité existe ? » Diane a hoché la tête :

« Oui, bien sûr. »

« Est-ce que tu as peur de l'obscurité ? » a-t-il poursuivi.

« Oui, qui ne le serait pas ? » a-t-elle répondu.

« Parfait ! » dit Gershom. « Alors, qu'est-ce qui rendrait ta vie meilleure dans l'obscurité ? »

Diane a réfléchi un instant, puis a dit : « La lumière. »

« Exactement ! » s'exclama Gershom, les yeux brillants. «

Devine quoi ? Jésus est la lumière ! »

Puis Gershom a ouvert sa petite Bible et a lu :

« Je suis la lumière du monde. Celui qui me suit ne marchera pas dans les ténèbres, mais il aura la lumière de la vie » (Jean 8:12).

À cet instant, quelque chose de puissant s'est produit. Diane n'a pas ri ; elle n'a pas détourné le regard. Elle s'est arrêtée et a écouté. Elle a réfléchi aux paroles de Gershom.

Voir ce que nous ne voyons pas

Mon petit prédicateur a poursuivi : « *Tu ne vois pas l'électricité couler dans les fils, mais lorsque tu appuies sur l'interrupteur, la lumière s'allume. Tu sais qu'elle est là parce que tu en vois l'effet.* »

« **C'est pareil avec Jésus** », continua-t-il. « Tu ne le vois peut-être pas debout devant toi, mais tu peux voir les effets de Sa présence dans la vie des gens. Tu le vois quand quelqu'un est guéri. Tu le vois quand quelqu'un pardonne. Tu le vois quand des familles s'unissent dans l'amour. Ça, c'est Jésus à l'œuvre. »

Tu verras incontestablement Jésus chaque fois que tu pourras respirer seul, que ton cerveau fonctionne, que tu sors et rentres sain et sauf, que tu rêves de la mort et que tu te réveilles chaque matin. Comme mon père avait l'habitude de le dire, chaque jour est une bénédiction. Dieu t'a permis de te réveiller afin que tu puisses croire et faire des choix sages.

L'un des plus brillants témoins de la foi, Paul, a dit : « **Or la foi est une ferme assurance des choses qu'on espère, une démonstration de celles qu'on ne voit pas**. » (Hébreux 11:1). La foi, c'est faire confiance à Dieu même lorsque nos yeux ne Le voient pas.

Pourquoi croyons-nous en Jésus ? Se demande quelqu'un.

Dans notre famille, nous parlons souvent de Jésus. Nous croyons qu'Il est réel, non seulement parce que nous lisons des récits à Son sujet, mais aussi parce que nous Le voyons agir dans nos vies, jour après jour.

Quand nous prions, il répond. Quand nous avons peur, il nous donne la paix. Quand nous faisons des erreurs, il nous pardonne. C'est ainsi que nous savons qu'Il est vivant.

La Bible dit : « **Goûtez et voyez que l'Éternel est bon ; heureux l'homme qui cherche en lui son refuge** ! » (Psaume 34:8).

Croire en Jésus, c'est comme goûter quelque chose de doux et en vouloir encore. Une fois que tu as goûté son amour, tu ne peux plus nier qu'il est réel.

Nous sommes les enfants du Christ vivant

Nous ne sommes pas seulement les enfants de nos parents ; nous sommes des enfants du Christ vivant. Cela signifie que nous appartenons à la famille de Dieu. Nous sommes citoyens de Son Royaume céleste, et notre demeure est auprès de Lui pour toujours.

L'apôtre Jean a écrit : « ***Voyez quel amour le Père nous a témoigné, pour que nous soyons appelés enfants de Dieu! Et nous le sommes***! » (1 Jean 3:1).

Être enfant de Dieu nous donne une identité que le monde ne peut pas nous enlever. Même si l'on se moque de nous ou si certains disent que Jésus n'est pas sérieux, nous savons la vérité. Nous marchons dans la lumière, et la lumière ne peut être vaincue par les ténèbres. (Jean 1:5)

La porte est ouverte

À la fin de la conversation, Gershom déclara quelque chose que je n'oublierai jamais : « **Diane, la porte t'est grande ouverte. Tu peux choisir de croire en Jésus aujourd'hui. Il t'invite à être Son amie**. »

C'est vrai pour chaque enfant, adolescent ou adulte sur Terre. Jésus ne nous force jamais à Le suivre. Il nous donne le choix. Mais il promet aussi : « Voici, je me tiens à la porte, et je frappe ; si quelqu'un entend ma voix, et ouvre la porte, j'entrerai chez lui, je souperai avec lui, et lui avec moi. » (Apocalypse 3:20).

La porte est ouverte. Le choix nous appartient.

Une question pour toi

Maintenant, permets-moi de te demander : **connais-tu des personnes comme Diane ?**

Peut-être que certains de tes amis ne croient pas en Jésus. Peut-être même qu'un membre de ta famille dit ne pas voir l'intérêt. Cela peut être décourageant, mais ne renonce pas.

Tu n'as pas besoin de te disputer ni d'entrer en conflit. Tu peux faire comme Gershom : partager la vérité avec amour, en utilisant des mots simples et des exemples concrets. Tu peux aussi prier pour tes amis, demandant à Dieu d'ouvrir leur cœur.

La Bible dit : « **Mais sanctifiez dans vos cœurs Christ le Seigneur; et soyez toujours prêts à rendre raison de l'espérance qui est en vous, avec douceur et respect.** » (1 Pierre 3:15). Cela signifie que nous pouvons parler de Jésus sans orgueil ni dureté : avec douceur et respect, et laisser Dieu agir.

Mon choix, ton choix

J'ai fait mon choix. J'ai choisi de suivre Jésus. Je préfère être son ami. J'ai décidé de marcher dans la lumière plutôt que dans les ténèbres.

Et toi ? Être l'ami de Jésus ne garantit pas une vie facile. Parfois, les gens ne nous comprendront pas et nous subirons des épreuves. Mais Jésus a promis d'être avec nous toujours, jusqu'à la fin des temps (Matthieu 28:20).

Cela nous rend courageux.

Quand tu choisis Jésus, tu gagnes un ami qui ne t'abandonne jamais, un Sauveur qui pardonne et un Roi qui t'accueille dans ***Son Royaume éternel***.

Je suis un enfant. Mais je suis aussi l'ami de Jésus.

Et cela me rend fort. Ma famille a choisi de Le suivre et, ensemble, nous faisons briller Sa lumière. Mais le plus beau, c'est que tu n'es pas exclu. La porte est aussi grande ouverte pour toi.

Souviens-toi de Ses paroles : « ***Je suis la lumière du monde ; celui qui me suit ne marchera pas dans les ténèbres, mais il aura la lumière de la vie***. » (Jean 8:12).

Viens donc, entre dans la lumière. Deviens l'ami de Jésus. Tu ne le regretteras jamais.

Une prière pour mes amis

Seigneur Jésus, merci d'être mon meilleur ami et d'être toujours à mes côtés. Tu es la lumière du monde et Tu brilles dans mon cœur chaque jour.

Aujourd'hui, je veux prier pour mes amis qui ne Te connaissent pas encore. Certains d'entre eux, comme mon amie Diane, ne croient pas parce qu'ils ne Te voient pas. S'il te plaît, ouvre leur cœur et fais-leur voir Ton amour par la manière dont je vis, par la manière dont je parle et par le bien que je fais.

Donne-moi le courage de leur parler de Toi avec bonté et respect. Que mes paroles soient vraies et que mes actes reflètent Ta lumière.

Seigneur, protège mes amis du chemin de l'obscurité.

Montre-leur que Tu es réel et que Ton amour ne finit jamais. Comme Gershom l'a expliqué, la lumière est plus forte que les ténèbres : fais-leur découvrir que Tu es la Lumière qui donne la vie.

Je prie pour chaque enfant dans le monde qui doute de Toi. Qu'ils trouvent la paix dans Ta présence et la joie d'appartenir à Ta famille.

Merci d'entendre ma prière. Je te fais confiance, Jésus, et je crois qu'un jour mes amis seront aussi Tes amis. Au nom de Ton saint Nom, je prie, Amen

Chapitre Seize

Le prénom de ma cousine est Olivia F. Une amie de Jésus

Connais-tu la signification de ton prénom ?

HEAVENLY CITIZEN

Ma cousine s'appelle Olivia. Elle est l'une de mes amies les plus proches et, devinez quoi ?

Elle est aussi une amie de Jésus. **Olivia** a un sourire qui illumine toute une pièce et un rire qui répand la joie autour d'elle. Mais ce qui rend son histoire si particulière, c'est la manière dont elle est venue au monde et la façon dont Jésus a veillé sur elle dès le tout premier instant.

Olivia est née deux mois plus tôt que prévu, ce qui a obligé sa mère à subir une opération spéciale, la césarienne. Elle est arrivée après seulement sept mois dans le ventre de sa maman, peut-être dans l'empressement joyeux de rencontrer sa famille. Nous aimons imaginer qu'elle ne pouvait plus attendre de découvrir son papa, qui était pour elle le meilleur père du monde.

Son prénom, **Olivia**, vient du mot « **olivier** », symbole de la paix, de la bénédiction et de la vie. Dans la Bible, l'**olivier** représente une force durable, **capable de vivre plusieurs siècles tout en continuant à porter du fruit.**

À sa naissance, **Olivia était minuscule** et a dû rester deux longs mois à l'hôpital avant de pouvoir rentrer chez elle. Pendant ce temps, les médecins et les infirmières l'ont entourée de soins compétents et bienveillants. Mais, par-dessus tout, ce qui comptait le plus, c'était la présence de Jésus, qui la gardait dans son amour dès le début.

Elle souffrait d'un trouble appelé syndrome de détresse respiratoire, ce qui signifiait que ses poumons n'étaient pas encore prêts à fonctionner de manière autonome. **Olivia** avait besoin d'un petit tube dans le nez pour l'aider à respirer. Ses poumons continuaient de se développer, et comme elle était née très tôt, ils n'avaient pas encore produit le surfactant, une substance ressemblant à de petites bulles souples qui aident les poumons à rester ouverts et à respirer.

Son corps était également fragile, sans assez de graisse pour se réchauffer, comme une couverture qui ne vous protège pas du froid. Les médecins devaient donc l'aider à maintenir sa température et la nourrir par un tube, car elle ne pouvait ni téter ni avaler par elle-même. Elle n'a pas pu manger comme les autres bébés pendant longtemps. Cela m'attristait un peu, mais nous n'avons jamais cessé de prier, convaincus que Jésus l'aidait à devenir plus forte chaque jour.

Connaissez-vous des enfants qui traversent des difficultés ?

Qu'est-ce qui vous inspire ?

Certains enfants nés trop tôt éprouvent des difficultés d'apprentissage. Mais Jésus fut le meilleur ami de notre famille. Il a soutenu mon oncle et ma tante dans leur épreuve. Leurs prénoms sont **Croilnor** et **Hannah**, comme la mère du roi Samuel dans la Bible.

Jésus leur a donné l'espérance, la paix et la joie au cœur des moments difficiles. Il était constamment présent auprès de ma cousine Olivia, même lorsqu'elle dormait dans son petit lit d'hôpital, entourée de tubes et de machines. Jésus était là, à ses côtés. Aujourd'hui, Olivia est en parfaite santé ! **N'est-ce pas merveilleux ?**

Elle court, joue et lit comme n'importe quel enfant. Elle raconte les blagues les plus drôles et adore lire des bandes dessinées. Elle aime dire : « **Quand on est l'ami de Jésus, la vie devient une aventure.** »

On découvre la joie même au milieu des épreuves. Et devinez quoi ? Elle avait raison ! Olivia me rappelle beaucoup notre amie Esther de l'Hôpital pour enfants du Massachusetts. Olivia et Esther se ressemblent : toutes deux ont connu des débuts difficiles et possèdent un grand cœur rempli de foi en Jésus.

La Bible nous enseigne : « **Or la foi, c'est la ferme assurance des choses qu'on espère, la démonstration de celles qu'on ne voit pas**. » (Hébreux 11:1).

Je suis sûr que vous aimeriez ma cousine Olivia et mon amie Esther si vous les rencontriez. Elles sont formidables, pleines de gentillesse et de joie. Elles savent ce que signifie être fortes et persévérantes, car Jésus est Jéhovah-Rapha, le Seigneur qui guérit, toujours présent à leurs côtés.

Alors, si vous vous sentez seul ou si un ami ou un membre de votre famille traverse une maladie ou une période difficile, souvenez-vous des histoires d'Olivia et d'Esther. Rappelez-vous que Jésus ne vous abandonnera jamais. Il est le meilleur ami que l'on puisse avoir. Tout comme il a aidé Olivia et Esther, il vous aidera aussi. Il suffit de croire et de lui parler en prière, car il est toujours à l'écoute.

À ton tour!

Sais-tu combien de fois Jésus a dit : « **Suis-moi** » ?

Jésus a dit : « **Suis-moi et sois bon**. »

Un jour ensoleillé, mon grand frère Gabe jouait avec ses amis quand il remarqua un nouvel élève assis seul dans la cour. Cela lui rappela ce qu'un jour son moniteur d'école du dimanche lui avait dit : « **Jésus veut que nous Le suivions**

En faisant preuve de bonté. « Inspiré par ces paroles, Gabe s'approcha de lui avec un grand sourire et demanda : « Veux-tu **jouer avec nous** ? « Le visage du garçon s'illumina aussitôt de joie.

Ce jour-là, Gabe ne gagna pas seulement un nouvel ami, mais choisit de suivre Jésus par amour. Cet enfant s'appelait Frederick. Lorsque nous choisissons de vivre comme Jésus, nous aidons les autres à se sentir spéciaux, reconnus et aimés.

Dieu aime les enfants ! Il y avait une petite fille appelée Myriam qui chantait pour Jésus chaque soir. Son prénom signifie « bien-aimée » et « âme douce ». Bien qu'elle ne comprenne pas toujours les grands mots de la Bible, son cœur débordait d'amour et de confiance.

Un jour, sa grand-mère lui dit : « Myriam, la Bible dit que les enfants sont un don de Dieu. Tu es mon cadeau ; je t'aime ! Myriam sourit et répond : « **Moi aussi, je t'aime, Mamie** ! Jésus regarde le cœur des enfants et, même en grandissant, ils continuent d'aimer avec cette tendresse enfantine.

Dieu guide Myriam et sa grand-mère

Une histoire vraie sur l'écoute du Saint-Esprit

Inspirée de Romains 8:14 : « ***Car tous ceux qui sont conduits par l'Esprit de Dieu sont fils de Dieu.*** »

La grand-mère de Myriam, Mme Edna, n'était pas seulement sa mamie : elle était aussi une amie proche de Jésus. Myriam adorait aller à l'église avec elle chaque dimanche, puis partager un déjeuner spécial. Elles aimaient toutes deux la bonne cuisine. Le restaurant préféré de Myriam s'appelait *The Legal Seaford*, et c'était justement là qu'elles avaient prévu d'aller ce soir-là.

Mais soudain, au moment de prendre la route, Mme Edna ressentit dans son cœur une douce impression, qu'elle reconnut aussitôt comme la voix du Saint-Esprit :

« Aujourd'hui, *va ailleurs.* »

Elle se tourna vers Myriam et lui dit : « **Chérie, nous allons plutôt dans un autre restaurant. Jésus nous conduit à *l'océan prime* ce soir**. « Myriam fut un peu surprise, mais elle savait que sa grand-mère écoutait toujours Jésus. Elle demanda s'il était possible d'y manger un steak avec des frites. Sa grand-mère répondit : « **Oh oui, c'est là qu'ils les font le mieux.** »

Elles arrivèrent à *Océan Prime* et savourèrent leur repas, riant et parlant de leur journée à l'église. Mais au moment de finir, un grand tumulte éclata à une table voisine. Une petite fille était en train de s'étouffer, incapable de respirer. Son visage devint rouge, ses yeux s'écarquillèrent de peur et ses mains se crispèrent sur sa gorge.

Son père, sénateur, cria : « ***Appelez une ambulance*** ! « Sa mère, paniquée, ne savait que faire. Les clients restaient figés, effrayés, désemparés. Personne ne réagissait.

Mais pas Mme **Edna.**

Elle accourut, prit délicatement la fillette et la pencha vers l'avant. Se plaçant derrière elle, elle passa un bras autour de sa taille, serra le poing et le posa juste au-dessus du nombril. De l'autre main, elle saisit ce poing et donna de vigoureuses pressions vers le haut, tout en comptant :

Un... deux... trois...

Au quatrième mouvement, le morceau de nourriture jaillit ! La petite inspira profondément et retrouva son souffle. Tout le restaurant applaudit, les yeux pleins de larmes de soulagement.

Les parents, bouleversés par la gratitude, serrèrent leur fille dans leurs bras, puis se tournèrent vers Mme Edna et Myriam en disant : « Merci ! Merci infiniment ! « Ils étaient emplis de reconnaissance.

Mais Mme Edna sourit doucement et répondit : « Ne me remerciez pas, remerciez Jésus. C'est Lui qui m'a dit de venir ici aujourd'hui plutôt que dans notre restaurant habituel. C'est Lui qui a sauvé votre fille. »

En quittant le restaurant, Myriam leva les yeux vers sa grand-mère et murmura :

« Mamie, pourquoi ne leur as-tu pas dit que tu es infirmière ? »

Mme Edna sourit de nouveau et répondit :

« *Parce que la gloire ne m'appartient pas. Toute la gloire revient à Jésus*. »

Ma famille sert le Seigneur Jésus-Christ

La famille de Gabe, Gershom et Esaie est une grande famille, aimante et attentionnée. Chaque samedi, ils ramassent les déchets dans le parc et distribuent des biscuits et des boissons à leurs voisins. Leur père répète toujours : « *Moi et ma maison, nous servirons l'Éternel !* » (Josué 24:15).

Gershom et ses frères obéissent joyeusement à leurs parents, et Papa et Maman les écoutent avec amour et patience. Quand les familles s'unissent pour suivre Dieu, leur foyer devient un lieu de joie, de paix et d'unité.

Dieu a un grand plan!

Jésus est notre Berger : Dieu a un grand plan !

Un jour, l'oncle Jean s'était égaré, pas seulement physiquement, mais aussi dans le tumulte du temps et dans les hauts et bas de la vie. Il se sentait effrayé, incertain de la voie à prendre, et la solitude pesait lourdement sur son cœur. C'est alors qu'il se rappela un verset de la Bible prononcé par le roi David dans l'épreuve :

« L'Éternel est mon Berger. Je ne craindrai rien. »

Puis il se souvint de la promesse de Jésus dans Jean 10:14 :

« Je suis le bon berger. Je connais mes brebis et elles me connaissent. »

Ces paroles lui rappelèrent que, même lorsque la vie semble incertaine, il appartient à un Berger qui connaît son nom et prend soin de lui.

La première fois que l'oncle Jean rencontra Gabe, Esaïe et Gershom, il resta silencieux, ne sachant pas trop comment se comporter avec eux. Leur langage respectueux et leurs manières distinguées l'impressionnèrent aussitôt. Après quelques instants, Gershom lui demanda avec douceur:

« Connais-tu le Seigneur Jésus-Christ ? »

L'oncle Jean répondit : « **Pas vraiment**. »

Gershom sourit et ajouta :

Veux-tu que je t'apprenne à connaître Jésus, le plus grand ami qui ait jamais existé ? Jean répond: « **Oui**. » Gershom poursuivit :

« As-tu déjà entendu parler d'un livre appelé la Bible ? »

Jean répondit : « **Oui**. »

« En possèdes-tu une ? « **Non**. »

Alors Gershom expliqua :

« La Bible est composée de 66 livres, divisés en deux parties : l'Ancien Testament et le Nouveau Testament. Elle raconte l'histoire de l'amour de Dieu pour nous et comment Jésus est venu nous sauver. Jésus a dit dans Jean 14,6 : *« Je suis le chemin, la vérité et la vie. Nul ne vient au Père que par moi."*

Et il lui demanda :

"Si tu mourais aujourd'hui, sais-tu où tu irais ? Il n'y a que deux destinations : le ciel ou la séparation éternelle du Royaume de Dieu. Laquelle choisis-tu ?" »

Puis Gershom expliqua encore :

« Romains 10:9 dit : *"Si tu confesses de ta bouche que Jésus est Seigneur, et si tu crois dans ton cœur que Dieu l'a ressuscité des morts, tu seras sauvé."* Ce n'est pas compliqué à comprendre ; c'est si simple que beaucoup le rejettent. Mais maintenant tu connais la vérité. Tu peux accepter Jésus comme ton Seigneur et ton Sauveur aujourd'hui. »

L'**oncle Jean** regarda les trois frères et dit :

« **J'accepte Jésus et je veux devenir chrétien**. »

Alors, les trois frères prièrent pour lui, et à cet instant, l'oncle Jean fut sauvé, tout comme Jésus l'avait promis en Jean 10:28 :

« *Je leur donne la vie éternelle ; elles ne périront jamais et personne ne les ravira de ma main*. »

De même qu'un bon berger ne laisse jamais une brebis perdue, Jésus ne nous abandonne jamais. Il marche à nos côtés, guide nos pas et nous protège du danger, même lorsque nous ne voyons pas Son action. Jésus dit : « ***Je t'ai appelé par ton nom ; tu es à moi.*** » (Ésaïe 43:1).

L'oncle Jean comprit qu'il n'avait jamais été vraiment seul : le Bon Berger était toujours là, prêt à le ramener en sécurité. Son angoisse s'évanouit peu à peu, remplacée par la chaleur réconfortante de la présence de Dieu. Il réalisa que, peu importe à quel point il se sentait perdu dans la vie, l'amour de Jésus le retrouverait toujours pour le ramener à la maison.

Voici quelque chose de merveilleux :

Parce que tu es un enfant, Dieu peut se servir de toi pour sauver des adultes ! Beaucoup d'adultes n'ont jamais vraiment pris le temps de comprendre l'amour de Jésus ni la manière d'être sauvés. La plupart pensent qu'une « bonne vie » suffit pour entrer au ciel. Mais, comme Gershom l'a montré à l'oncle Jean, la Bible enseigne le contraire :

Romains 3:23 :

« Car tous ont péché et sont privés de la gloire de Dieu. «

« Car le salaire du péché, c'est la mort ; mais le don gratuit de Dieu, c'est la vie éternelle en Jésus-Christ notre Seigneur. » (Romains 6:23).

Par l'explication simple et aimante de Gershom, l'oncle Jean découvrit la vérité et, ce jour-là, il rencontra le Bon Berger pour lui-même.

La Bible : un livre très spécial pour les enfants

Il existe un livre que des millions d'enfants ont aimé pendant des millénaires. Ce livre s'appelle la Bible et c'est l'un des ouvrages les plus influents au monde. Nous allons vous en parler ici. Continuez simplement à lire.

Si quelque chose était le plus précieux du monde et pouvait sauver la vie de milliards de personnes, seriez-vous d'accord pour dire que vous voudriez le posséder ou en avoir accès ? La réponse est « **Oui** », bien sûr.

Et si ce livre contenait des secrets capables de :

- Guérir toutes les maladies de la terre,
- consoler les cœurs brisés,
- apporter la véritable paix,
- Sauver des vies pour l'éternité,
- Briser les chaînes du péché et de l'addiction,
- guider nos pas,
- protéger des dangers spirituels,
- transformer notre pensée,
- Et répandre la joie et l'espérance ?

Les trois frères sont : Gabe, 12 ans ; Esaie, 9 ans ; et Gershom, 7 ans. Ils répondirent eux aussi à cette question.

Tous affirmèrent :

« **Oui** ! Nous voudrions le posséder, voire l'acheter, surtout s'il était difficile à obtenir. *Cela le rendrait encore plus précieux* ! »

L'un d'eux ajouta qu'il partagerait des pages avec ses amis qui ne pourraient pas se les offrir. La plupart des gens seraient curieux de le lire et d'apprendre les règles de vie qu'il contient, n'est-ce pas ?

Eh bien, voici la merveilleuse nouvelle : la Bible est gratuite ! Pas parce que personne ne s'y intéresse, mais parce que celui dont elle parle, Jésus, a été rejeté par beaucoup, à l'exception de nous, les enfants du Royaume de Dieu.

C'est pourquoi il est si essentiel que les enfants prennent le temps de lire la Bible, afin de comprendre qui est Jésus et comment vivre pour Lui.

Chapitre Dix-Sept

La Bible est une grande bibliothèque de l'amour de Dieu

La bibliothèque de l'Ancien Testament : 39 livres, le Nouveau Testament : 27 livres

*L*a Bible

La Bible se compose de deux grandes parties :

L'Ancien Testament et le Nouveau Testament.

L'Ancien Testament a été écrit il y a très longtemps, entre 1400 et 1200 avant Jésus-Christ, et il raconte l'histoire du peuple de Dieu depuis la création du monde.

Les cinq premiers livres, la Genèse, l'Exode, le Lévitique, les Nombres et le Deutéronome furent rédigés par Moïse. Il guida le peuple de Dieu, les Israélites, en leur enseignant les lois et les règles divines pour qu'ils vivent selon la volonté du Seigneur. Moïse fut un grand homme de Dieu. Son fils aîné portait le même nom que mon petit frère : **Gershom**. Sauras-tu demander à tes parents ce que signifie ce nom ? Fais ta recherche…

Le Nouveau Testament, lui, fut écrit il y a environ 1 900 à 2 000 ans. Il raconte la vie de Jésus, venu nous enseigner à nous aimer les uns les autres et à servir Dieu de tout notre cœur et de toute notre pensée. On y découvre aussi comment ses disciples, tels que Pierre, Paul et d'autres amis fidèles, ont répandu la bonne nouvelle de Jésus dans le monde entier.

Rédigé sur une période d'environ cinquante ans, le Nouveau Testament nous apprend à vivre en véritables enfants de Dieu et en amis de Jésus.

La Bible est unique parmi tous les livres, car elle rassemble une grande diversité d'écrits.

Exactement soixante-six livres ! Plus de quarante auteurs ont contribué à son écriture au fil d'environ mille cinq cents ans, dans trois langues : l'hébreu, l'araméen et le grec.

Et pourtant, malgré la variété des auteurs et des siècles, la Bible raconte une seule histoire : l'amour de

Dieu pour l'humanité et Son plan de salut accompli par Jésus-Christ.

La Bible est aussi le livre le plus lu et le plus populaire de toute l'histoire ! Aucun autre ouvrage n'a été médité par autant de personnes et pendant une si longue durée. Deux noms y apparaissent plus que tous les autres : celui de Jésus, mentionné près de mille fois, et celui du roi David, cité plus de mille fois.

La grande bibliothèque de l'amour de Dieu Et Ses instructions pour Ses enfants

Un après-midi lumineux, le petit Gabriel et sa sœur Angie entrèrent doucement dans le salon chaleureux de leur grand-mère. L'air était empli du parfum de biscuits à la vanille et de vieux livres. Les rayons du soleil traversaient la fenêtre, éclairant un objet posé au centre de la table basse.

C'était un gros livre, à la couverture brillante.

Les yeux de Gabriel s'écarquillèrent.

« Qu'est-ce que c'est, Grand-mère ? »

Elle leva les yeux de son tricot et sourit avec tendresse.

« Ceci, mon trésor, c'est la Bible. Ce n'est pas un simple livre. C'est comme une immense bibliothèque réunie sous une seule couverture, remplie d'aventures, de poèmes, de chants, de lettres et même d'instructions secrètes de Dieu lui-même. Et devine quoi ? Elle comporte deux grandes parties. »

Angie pencha la tête.

« **Comme les deux côtés d'un coffre-fort** ? »

« Exactement ! » répondit la grand-mère en riant doucement.

Elle posa délicatement sa main sur la couverture. «

Après que les hommes ont péché et se sont séparés de Dieu, Celui-ci était encore trop pur et trop puissant pour que nous puissions nous tenir devant Lui. Mais parce qu'Il nous aime tant, Il nous a donné ce guide pour la vie et la survie : la Bible. Chaque page offre une sagesse précieuse pour retrouver le chemin vers Lui, vers Son Royaume. »

L'Ancien Testament, la première partie de la bibliothèque du Seigneur : 39 livres

La grand-mère ouvrit la première moitié de la Bible, et les vieilles pages craquèrent comme un doux murmure.

Angie fronça légèrement les sourcils.

« Mais Grand-mère, je ne lis pas bien... »

« Tu veux dire que tu n'es pas encore une grande lectrice ? » dit-elle en haussant un sourcil.

Angie baissa timidement la tête.

« **Oui**... Quelle est la différence ? »

La grand-mère la prit doucement dans ses bras. « Ma chérie, avec le Seigneur, tu n'as pas besoin de lire comme tout le monde. Même si tu lis lentement ou en silence, il t'écoute. Tu n'as pas à retenir chaque mot, car le Saint-Esprit te rappellera ce dont tu as besoin. »

« **Vraiment** ? » murmura Angie.

« Vraiment », répondit sa grand-mère en lui adressant un clin d'œil complice. « Ferme les yeux, et je vais te montrer un exemple de la sagesse de Dieu. »

Angie serra fort ses paupières. Le silence de la pièce était apaisant.

« **Dis-moi**, » demanda sa grand-mère, « quelle est la couleur de la grande maison au 1000, Canal Street, à Brooklyn, NewYork ? »

Angie fit une moue.

« Je ne sais pas ! »

La grand-mère rit doucement.

« Voilà justement le secret ! Nous ne savons pas tout. C'est pourquoi Dieu nous a donné la Bible, comme un GPS vers Son Royaume céleste. Chacun est libre de choisir d'y aller, mais le chemin est clair : il faut aimer le Seigneur de tout son cœur, de toute son âme, de toute sa pensée et de toute sa force. Voilà le plus grand commandement. »

Évangile selon Marc 12:30 :

Tu aimeras le Seigneur ton Dieu de tout ton cœur, de toute ton âme, de toute ta pensée et de toute ta force.
Angie ouvrit les yeux et chuchota : « Oh... c'est vraiment comme une carte. »

« **Oui** », confirma la grand-mère. « Et la première partie de cette carte s'appelle l'Ancien Testament. Il contient trente-neuf livres. Ils racontent comment Dieu a créé le monde, comment il a choisi des hommes tels qu'Abraham, Moïse, David et Salomon, et comment les prophètes ont transmis ses messages. »

Gabriel s'approcha.

« Attends... Les prophètes ? Comment ? »

Les yeux de la grand-mère brillèrent.

« Comme Ésaïe et Jérémie. Et sais-tu qui transmettait à ces prophètes les messages de Dieu ? Un ange qui portait ton prénom : Gabriel ! »

Le petit garçon se redressa, fier. « Vraiment ? »

« Oh oui ! » dit la grand-mère. « Gabriel est l'un des messagers les plus fidèles de Dieu. Quand il se déplace, c'est comme si un puissant tremblement de terre secouait les cieux et que le vent grondait avec force. C'est un protecteur du peuple de Dieu. Grâce à des anges comme lui, nous avons reçu ces instructions qui nous enseignent à garder notre foi. »

Angie éclata de rire.

« Alors, *c'est comme un héros* ? »

« Exactement ! » répondit la grand-mère. « L'Ancien Testament est rempli d'héros, de rois et de femmes courageuses comme Ruth et Esther. Tous annonçaient quelque chose de grand... quelqu'un de très spécial. »

La grand-mère fit une pause et murmura :

« Ce quelqu'un, c'est le Seigneur Jésus-Christ. »

Elle referma le livre un instant, puis le serra contre son cœur. « Jésus est venu du ciel pour nous sauver tous. Mais, mes chers enfants, beaucoup de gens ne lisent jamais la bibliothèque que Dieu nous a donnée. Et lorsqu'ils ne la lisent pas, ils se perdent. Aucun de nous ne peut trouver le ciel par lui-même ; nous avons besoin du Seigneur pour nous guider. »

Gabriel et Angie restèrent silencieux, leurs petits cœurs battant fort de curiosité.

Le Nouveau Testament : 27 livres

La grand-mère ouvrit la seconde moitié de la Bible. Les pages semblaient plus neuves, comme un chapitre frais qui attendait d'être découvert.

« Voici les vingt-sept livres du Nouveau Testament », expliqua-t-elle. « Cette partie raconte la vérité sur Jésus, le Fils de Dieu. Elle montre comment Il est venu sur la terre pour révéler l'amour de Dieu de la manière la plus claire et la plus puissante. »

Gabriel chuchota : « Alors… Jésus est l'histoire la plus importante, n'est-ce pas? »

« Exactement », répondit chaleureusement la grand-mère. « Ici, nous lisons Sa naissance à Bethléem, Ses miracles qui guérissaient les malades et nourrissaient les affamés, Sa mort sur la croix et Sa résurrection trois jours plus tard. Ensuite, nous découvrons comment Ses disciples, Pierre, Paul, Jean et tant d'autres, parcoururent le monde pour enseigner aux hommes à vivre dans Son amour. »

Le visage d'Angie s'illumina.

« Alors c'est comme ça que nous appartenons à Son Royaume dans le ciel ! »

« Oui, Angie », répondit la grand-mère. « Le Nouveau Testament nous montre comment être sauvés et marcher dans la lumière de Jésus. »

Le cœur de l'histoire

La grand-mère prit ses lunettes et lut avec soin un passage de l'évangile de Jean :

« Je vous donne un commandement nouveau : aimez-vous les uns les autres. Comme je vous ai aimés, vous aussi aimez-vous les uns les autres. » (Jean 13:34)

Les yeux d'Angie scintillèrent.

« Alors, toute la Bible consiste-t-elle à apprendre à aimer Dieu et les autres ? »

La grand-mère serra tendrement les deux enfants dans ses bras.

« C'est bien cela, mes amours. La Bible ressemble à une immense bibliothèque, mais chaque page pointe vers l'histoire la plus grande de toutes : l'amour de Dieu révélé en Jésus. »

1 Jean 4:8 :

« *Celui qui n'aime pas n'a pas connu Dieu, car Dieu est amour*. »

Elle embrassa leur front et murmura :

« Jésus est la vie. C'est le pain de vie. Il est notre seul chemin vers le Royaume de Dieu. »

Un grand sourire illumina le visage de Gabriel. « Ça fait de la Bible le meilleur livre du monde ! La grand-mère rit doucement.

« Oui, mon enfant. Chaque page est plus précieuse que les plus grandes recherches scientifiques, plus que les médecines les plus avancées, plus que les plus hauts enseignements universitaires. Car elle vient directement du Seigneur à chacun d'entre nous. »

« Mes enfants, » ajouta-t-elle, « ce livre a de nombreuses parties : la Genèse et l'Exode, les Psaumes et les Proverbes, Matthieu et Jean, l'Apocalypse et bien d'autres encore. Mais ensemble, elles tissent une seule vérité : Dieu nous aime et nous appelle à aimer les autres. »

Angie sera forte pour sa grand-mère.

« Moi, je veux le lire, même si je ne suis pas la meilleure lectrice. »

« Et moi, je veux être comme l'ange Gabriel : fort et fidèle », déclara son frère.

Les yeux de la grand-mère se voilèrent de joie. « C'est exactement ce que Dieu désire : que vous lisiez Sa Parole, que vous fassiez confiance à Son Esprit et que vous répandiez Son amour partout où vous irez. »

Dehors, les premières étoiles commençaient à briller. La grand-mère souffla une dernière fois :

« Souvenez-vous, mes petits : la Bible est la grande bibliothèque de l'amour de Dieu et de Ses instructions pour Ses enfants. Chaque fois que vous l'ouvrez, vous n'êtes jamais perdus : vous êtes toujours en train de retrouver le chemin de la maison. »

La Bible contient de nombreux livres et récits variés, mais ensemble, ils forment un seul et même trésor : l'amour éternel de Dieu. À travers l'Ancien et le Nouveau Testament, à travers les héros, les rois, les prophètes et Jésus lui-même, nous apprenons à aimer Dieu, à aimer notre prochain et à vivre en enfants bien-aimés du Seigneur.

La Bible est peut-être un très ancien livre, mais elle conserve encore aujourd'hui une sagesse et un amour capables de nous guider à chaque instant. Et souviens-toi : quel que soit ton âge, la Parole de Dieu sera toujours là pour t'instruire, t'éclairer et t'aider à vivre la meilleure vie possible !

Une prière pour chaque enfant qui lit ce livre
Cher Jésus,

Merci pour ta lettre. Moi aussi, je t'aime.

Merci de m'aimer, à moi comme à ma famille.

Merci d'être notre ami pour toujours.

Aide-moi à toujours te suivre, à être bon, doux et rempli d'amour.

Apprends-moi à pardonner, à partager et à prendre soin des autres.

Bénis ma maman, mon papa, mes frères, mes sœurs et tous mes amis.

Remplis mon cœur de ta joie et de ta paix chaque jour. Fais briller ta lumière au sein de ma famille et aide-nous à marcher toujours près de toi. Protège notre foyer et garde-le heureux et en sécurité.

C'est en ton nom que je prie. **Amen.**

Qui est Jésus?

T'es-tu déjà demandé : « **Qui est Jésus** ? « Était-il seulement un prophète, comme ceux qui l'avaient précédé, envoyé avec une mission divine pour sauver l'humanité ?

Souviens-toi : les enfants chrétiens savent faire preuve d'un excellent esprit critique. Relis la question. Peux-tu y repérer quelque chose d'étonnant ?

Oui, Jésus est bien Celui qui est venu

La Bible le dit à plusieurs reprises : Jésus est « venu ».

« Tu le dis : je suis roi. Je suis né et je suis venu dans le monde pour rendre témoignage à la vérité. Quiconque est de la vérité écoute ma voix. » (Jean 18:37)

« Voici une parole certaine et digne d'être pleinement reçue :

Jésus-Christ est venu dans le monde pour sauver les pécheurs.

» (1 Timothée 1:15)

Mais pourquoi est-il écrit « **venu** » et non « né », comme pour tous les autres hommes ?

Parce que la vie de Jésus n'a pas commencé dans une crèche.

Comment est-ce possible?

Il existait déjà **avant de venir sur la terre** !

« Tout a été fait par lui, et rien de ce qui a été fait n'a été fait sans lui. En lui était la vie, et la vie était la lumière des hommes. La lumière brille dans les ténèbres, et les ténèbres ne l'ont point reçue. » (Jean 1:3-5)

Son véritable Père

Qui était son père ? Son Père est Dieu, au ciel.

Un jour, un ange appelé **Gabriel** vint annoncer une merveilleuse nouvelle à Marie :

« Marie, tu auras un enfant très spécial ! Il sera grand et s'appellera Fils du Très-Haut. Dieu lui donnera le trône de David, son père, et il régnera pour toujours ; son Royaume n'aura pas de fin ! »

Marie, étonnée, demanda :

« **Mais comment cela est-il possible** ? Je ne suis même pas mariée… »

L'ange répondit :

« *Le Saint-Esprit viendra sur toi, et la puissance de Dieu te couvrira de son ombre. C'est pourquoi l'enfant qui naîtra de toi sera saint et s'appellera Fils de Dieu. Même ta cousine Élisabeth, qui est très âgée et ne pouvait pas avoir d'enfants, est en sixième mois de grossesse ! Car rien n'est impossible à Dieu.* »

Ainsi, deux cousines reçurent une annonce

Extraordinaire : l'une, jeune et non mariée, enfanterait Jésus par la puissance du Saint-Esprit ; l'autre, stérile et avancée en âge, donnerait naissance à Jean-Baptiste, celui qui baptiserait plus tard Jésus dans le Jourdain. Chaque détail était orchestré par Dieu, prouvant que rien ne lui est impossible (Luc 1:32-37).

Pourquoi Jésus était-il unique ?

C'est pourquoi il pouvait faire ce qu'aucun autre homme n'avait jamais fait.

Par exemple, bien qu'il n'ait pas fréquenté l'école, Jésus savait lire les rouleaux des prophètes (Luc 4:16-21). Il connaissait même les pensées des hommes avant qu'ils ne les expriment (Matthieu 9:4-6). Et surtout, il avait autorité sur la terre pour pardonner les péchés, chose que seul Dieu peut accomplir.

Souviens-toi : si le péché n'existait pas, nous vivrions pour toujours sur cette terre ! Voilà pourquoi Jésus disait : « ***Je suis la Vie. Mon nom est JE SUIS**, et vous êtes à moi.* »

Ces mots ne sont pas ordinaires. « **JE SUIS** » est le nom même que Dieu révéla à Moïse dans le buisson ardent (Exode 3:14). En se nommant ainsi, Jésus ne se contentait pas de revendiquer les attributs divins : il affirmait clairement qu'Il est Dieu lui-même. Celui qui donne la vie, qui nous possède et qui n'a ni commencement ni fin.

Il déclara aussi : « Je suis le chemin, la vérité et la vie. Nul ne vient au Père que par moi. » (Jean 14:6) et encore : « Moi et le Père, nous sommes un. (Jean 10:30). Ce qui signifie que voir Jésus, c'est voir le Père.

Jésus dit qu'Il vivait déjà avant la création du monde et que tout a été créé par Lui et pour Lui (Jean 17:5 ; Colossiens 1:16).

Alors, qui est-Il ? Il est et demeure le Fils de Dieu, le Sauveur du monde (Jean 3:16).

« Puisque je suis venu, que je suis mort et que j'ai versé mon sang pour vous, vous ne mourrez plus. Vous serez comme les anges. Mon sang vous sauve, et vous êtes enfants de Dieu, car vous êtes enfants de la résurrection. » (Luc 20:36)

Réfléchir par soi-même

Alors, as-tu maintenant assez d'éléments pour penser par toi-même à la question : « ***Qui est Jésus*** ? »

Était-il simplement un sage qui racontait des paraboles royales, ou un homme compatissant qui aidait les pauvres par bonté de cœur ?

N'était-il qu'un personnage de récit ancien, ou bien est-il encore vivant aujourd'hui, agissant dans la vie de ceux qui croient ?

S'adressait-Il seulement aux adultes ou aimait-Il aussi les enfants ?

Est-Il un souvenir lointain du passé, ou bien le Sauveur qui connaît ton nom et t'aime plus que quiconque ?

Ces questions sont essentielles, car la manière dont nous y répondons influence notre façon de vivre, nos espérances et ce que nous croyons pour l'éternité.

Un petit exercice de réflexion

Réfléchissons ensemble.

Croyons-nous qu'il y ait eu un homme nommé Albert Einstein ?

Oui, bien sûr ! Et qui était-il ? Un génie de l'histoire.

Albert Einstein fut un scientifique de génie qui a permis au monde de comprendre l'univers de manière entièrement nouvelle. Il découvrit la théorie de la relativité, qui explique l'interaction entre l'espace, le temps et la gravitation, et il formula l'équation célèbre E = mc², qui met en évidence le lien entre l'énergie et la matière. Ce qui l'a rendu célèbre jusqu'à aujourd'hui, c'est sa curiosité, son imagination et son amour de l'apprentissage.

De la même manière, croire en Jésus, c'est croire en une personne réelle.

Jésus, un enfant comme nous… mais pas comme les autres

Il naquit dans une petite ville appelée Bethléem. Il grandit auprès de ses parents et eut des amis, comme nous tous.

Mais voici la partie extraordinaire : Jésus n'eut pas besoin d'aller à l'école pour apprendre, car Il était déjà rempli de sagesse. Plus intelligent que quiconque dans toute l'histoire du monde !

Nous aussi, jeunes croyants, sommes intelligents et enfants de Dieu.

Cela signifie que nous pouvons poser de bonnes questions, être curieux et mobiliser notre esprit pour en apprendre davantage sur Jésus et sur toutes les choses merveilleuses qu'Il a accomplies.

Pourquoi Jésus est-il si spécial ?

Même aujourd'hui, en 2025, **plus de 2,9 milliards** de personnes dans le monde croient en Lui !

Qui sont-elles ?

Des enfants venus des quatre coins du monde, des riches comme des pauvres, ainsi que des personnalités connues telles que Denzel Washington, Simone Biles, Chris Pratt, Serena Williams et bien d'autres.

Parmi eux, on trouve des scientifiques brillants, des artistes, des enseignants, des parents travailleurs, des étudiants et même des enfants comme nous qui choisissent de croire en lui.

Certains sont pasteurs et enseignent la Parole de Dieu, d'autres sont musiciens, athlètes, infirmiers, artisans… de simples personnes qui vivent leur vie dans la foi. Des adolescents en quête de repères, des grands-parents transmettant leur sagesse, des enfants pleins de questions et de curiosité.

Nous avons tous une place dans la famille de Dieu et dans Son Royaume céleste.

Toi et moi, nous nous ressemblons : nous avons été merveilleusement créés par Dieu, avec nos talents, nos idées et nos rêves.

Et le plus beau, c'est que nous appartenons désormais à Son Royaume, parce que nous croyons en Jésus !

« Celui qui m'a vu a vu le Père. » (Jean 14:9)

« Que votre lumière brille devant les hommes, afin qu'ils voient vos bonnes œuvres et qu'ils glorifient votre Père qui est dans les cieux. » (Matthieu 5:16)

Lorsque tu es l'ami de Jésus, tu Le représentes partout où tu vas : à l'école, à la maison, au parc, en ligne sur Internet ou même en voyage dans un autre pays. Ta manière de t'habiller, de parler et d'agir reflète ce qu'il y a dans ton cœur. Et si ton cœur appartient à Jésus, tu voudras Le rendre fier.

De la même façon qu'une équipe sportive porte le même maillot pour montrer qu'elle est unie, les chrétiens « **portent** » leur foi en vivant et en s'habillant de manière à honorer Jésus.

S'habiller ne consiste pas seulement à porter des vêtements ; c'est aussi exprimer sa personnalité et avoir confiance en soi, à l'intérieur comme à l'extérieur. Bien souvent, les gens te jugent d'après ton apparence, sans savoir à quel point tu es précieux aux yeux de Dieu. Es-tu d'accord ?

Ressembler aux anges de Dieu

Les fils et les filles de Dieu ressemblent, d'une certaine manière, aux anges du ciel.

- L'ange **Gabriel** est un messager qui transmet des nouvelles importantes de la part de Dieu.

- L'ange **Michel** est un puissant chef de guerre qui combat pour protéger le peuple de Dieu.

De la même manière, en vivant pour Jésus, tes

Les paroles peuvent inspirer les autres, et tes choix peuvent repousser ce qui est mauvais.

Les filles chrétiennes ressemblent aussi aux séraphins, ces anges spéciaux qui entourent le trône de Dieu en proclamant : « Saint, Saint, Saint est l'Éternel. « Elles se couvrent de sainteté pour montrer leur respect et leur honneur envers le Seigneur.

De ton arrière-grand-mère à ta grand-mère, puis de ta grand-mère à ta maman, les femmes chrétiennes ont transmis la sagesse de s'habiller de manière qui plaise à Jésus. Elles enseignent que la véritable beauté vient du cœur, mais qu'elle se reflète aussi dans la manière dont on se présente aux autres.

Respect et simplicité

Maintenant, réfléchis : es-tu plus respecté(e) et apprécié(e) lorsque tu t'habilles avec soin, modestie et élégance, ou lorsque tu portes des vêtements bruyants, extravagants ou conçus pour attirer l'attention ? Les gens font davantage confiance à ceux qui montrent qu'ils se respectent.

Quand tu t'habilles de manière à honorer Jésus, c'est comme si tu t'habillais comme les anges du ciel : pur, lumineux et beau dans la simplicité. Mais si tu te négliges ou si tes choix perturbent les autres en raison de ta foi, les gens risquent de ne pas te prendre au sérieux. Alors, laquelle de ces attitudes crois-tu que Jésus préfère ? Nous devons écouter nos parents.

Si tu n'es pas sûr(e), demande-toi : « ***Que me conseillerait ma maman ou ma grand-mère ?*** Leur expérience est un cadeau, et écouter leurs conseils, c'est montrer que tu tiens à ce qu'il y ait de meilleur pour toi.

La vraie beauté

Les parents chrétiens veulent le meilleur pour toi, tout comme Jésus. Même s'ils n'expliquent pas toujours tout immédiatement, ils ont plus d'expérience. Et Jésus, qui sait tout, peut te rendre respecté, aimé et admiré davantage que n'importe qui, si tu suis Ses voies. La vraie popularité vient de la confiance, de la bonté et du respect, et non pas des modes passagères.

Apprendre à s'habiller de manière appropriée et agréable à Dieu témoigne de notre appartenance à Lui. Ce n'est pas une question d'être « démodé » ou « ennuyeux », mais de déclarer : « Je sais qui je suis et je suis fier/fière d'appartenir à Jésus. »

Certains enfants demandent : « Pourquoi les chrétiens n'ont-ils pas de tatouages ? « Une raison est que nos corps sont des dons de Dieu. Ils ressemblent à Son temple, un lieu sacré où réside Son Esprit. Nous désirons prendre soin de ce temple et éviter de le marquer durablement. Dieu t'a créé merveilleux(se) tel(le) que tu es, et tu n'as pas besoin de modifier Son chef-d'œuvre.

Souviens-toi que ta façon de t'habiller et de prendre soin de toi fait partie de ton témoignage au monde. Elle révèle ce que tu valorises et ce que tu suis. En choisissant des vêtements, des attitudes et des habitudes qui honorent Jésus, tu marches dans les pas des anges, purs, forts et fidèles. C'est une source de fierté quotidienne. N'oublie pas que ta famille sera toujours fière de toi, car tu es chrétien(ne).

Prière
Père céleste,

Notre Père qui est aux cieux, que Ton nom soit sanctifié. Que Ton Royaume vienne, que Ta volonté soit faite sur la terre comme au ciel.

Merci de m'aimer tant, au point de venir nous

Montrer le Père. Tu as dit : *« Celui qui m'a vu a vu le Père. »* (Jean 14:9) Et Tu nous as demandé de laisser briller notre lumière devant les hommes, afin qu'ils voient en nous Ton reflet.

Aide-moi à me souvenir que je Te représente partout où je vais : à l'école, à la maison, au parc, en ligne, ou même dans un autre pays. Que mes paroles soient bienveillantes, que mes actes soient bons et que ma manière de m'habiller vous plaise.

Rends-moi semblable aux anges du ciel : comme Gabriel, pour annoncer de bonnes nouvelles ; comme Michel, pour défendre ce qui est juste ; comme les séraphins, pour T'adorer dans la sainteté et manifester du respect en toutes choses, car je t'appartiens.

Merci pour la sagesse de mes parents, de mes grands-parents et de ma famille, qui m'enseignent à vivre et à m'habiller de manière qui Te plaît. Aide-moi à écouter leurs conseils et à leur faire confiance, sachant qu'ils veulent mon bien.

Montre-moi que la vraie beauté vient du cœur, mais aussi de la manière dont je me présente. Protège-moi de la tentation de suivre des modes qui détournent mon regard de Toi. Remplis ma vie de bonté, de respect et de joie qui viennent de Toi seul.

Seigneur, merci d'avoir fait de mon corps Ton temple. Aide-moi à en prendre soin, à le protéger et à me réjouir de la façon dont Tu m'as créé(e). Je suis ton chef-d'œuvre, et tu es mon Dieu.

Que mes choix, mes paroles, mes actes et mes vêtements disent au monde que je t'appartiens. Rends-moi fort(e) et fidèle, marchant comme les anges qui Te servent jour et nuit.

Fais briller ma lumière si fort que, lorsque les gens me verront, ils découvriront Ton amour, Ta bonté et Ta vérité. Tu es mon ami, et je serai toujours le tien. Au nom de Jésus, je prie. Amen.

Chapitre Dix-Huit
D'où vient Jésus ?

Pourquoi Jésus est-il venu ?

HEAVENLY CITIZEN

Jésus n'a pas commencé sa vie à Bethléem ; il est venu du ciel ! Il a existé avec Dieu éternellement, bien avant la création du monde.

Proverbes 8:22-23 : « *Le Seigneur m'a créée la première, avant ses œuvres ; j'étais au commencement, dès l'origine, avant la terre.* »

Jésus est le Fils de Dieu ; il est venu sur la terre pour nous aider, nous aimer et nous sauver du péché. Il n'est pas venu seulement en visite : il est venu en mission.

Pourquoi Jésus est-Il venu ?

Jésus est venu parce qu'Il nous aime tellement.

Nous avions commis des fautes, appelées péchés, qui nous éloignaient de Dieu.

Nous ne pouvions pas réparer cela par nous-mêmes.

Alors, Jésus est venu prendre sur Lui la punition de nos péchés et ouvrir un chemin pour que nous puissions redevenir proches de Dieu. « ***Le Fils de l'homme est venu chercher et sauver ce qui était perdu.*** » (Luc 19:10)

Est-Il né comme toi et moi ?

Oui… et non. Jésus est né, bébé, comme nous, mais il est exceptionnel. Sa mère s'appelait Marie, mais il n'a pas eu de père humain. Sa naissance est un miracle : il a été conçu par la puissance du Saint-Esprit !

« **L'ange lui dit** : *Le Saint-Esprit viendra sur toi, et la puissance du Très-Haut te couvrira de son ombre ; c'est pourquoi l'enfant qui naîtra sera saint et sera appelé Fils de Dieu.* » (Luc 1:35)

Même s'Il avait un corps comme le nôtre, il possédait des capacités incomparables.

Qu'est-ce que Jésus pensait des enfants ?

Jésus aimait les enfants, tout comme toi ! Il ne les ignorait pas et ne les traitait pas comme s'ils étaient trop petits. Il a dit que les enfants sont une part essentielle du Royaume de Dieu.

« Laissez venir à moi les petits enfants… Car le Royaume des cieux appartient à ceux qui leur ressemblent. »
(Matthieu 19:14)

Jésus écoutait les enfants, les bénissait et leur enseignait que leurs cœurs étaient pleins de foi.

Que veut dire « foi » ? As-tu la foi?

Dieu nous a rendus intelligents : nous pouvons discerner la vérité. Imaginons un problème de maths : 17 + 17 − 6 = ? Tu fais le calcul et tu crois que ton résultat est juste. C'est cela, avoir la foi : faire confiance à ce que tu sais être vrai. Si tu n'es pas sûr de ton résultat, tu n'as pas confiance dans ce calcul.

En tant qu'enfants chrétiens, nous croyons que Jésus dit la vérité. Même si nous ne le voyons pas avec nos yeux, nous lui faisons confiance de tout cœur. C'est cela la foi : croire en Jésus et en Son amour, même quand on ne Le voit pas.

Et quand nous avons cette foi, nous devons partager la bonne nouvelle avec les autres !

Où est Jésus aujourd'hui ?

Après sa mort sur la croix et sa résurrection, Jésus est remonté au ciel. Aujourd'hui, il siège auprès de Dieu, il veille sur nous, il prie pour nous et il prépare une place pour ceux qui l'aiment.

« Il fut élevé au ciel et s'assit à la droite de Dieu. » (Marc

16:19)

Pourquoi devons-nous suivre Jésus ?

Parce qu'il est le seul chemin vers Dieu : il est la vérité, la lumière, le chemin vers le ciel et le meilleur ami que l'on puisse avoir.

« **Je suis le chemin, la vérité et la vie. Nul ne vient au Père que par moi.** » (Jean 14:6)

Suivre Jésus nous apprend à vivre comme Lui : avec amour, bonté, courage et vérité.

Comment suivre Jésus ?

Tu n'as pas besoin d'être parfait ; il suffit de croire. C'est très simple.

Suivre Jésus signifie que, parce qu'on est Son ami, on ne fait pas toujours ce qui nous plaît. Parfois il faut faire des choix difficiles : être gentil quand c'est dur, partager même quand on n'en a pas envie, ou faire ce qui est juste quand les autres ne le font pas.

Jésus n'est pas seulement une figure du passé ; il est vivant aujourd'hui. Il t'aime. Il te voit. Il t'appelle à marcher avec Lui et à être Son meilleur ami.

Prière

Père Celeste,

Tu es si bon et si saint.

Que tous te connaissent et découvrent ton amour.

Que ta volonté s'accomplisse ici sur la terre, comme au ciel.

Je crois que tu es le Fils de Dieu.

Je sais que j'ai parfois mal agi, et je suis désolé(e).

Merci de m'aimer malgré tout.

Merci d'avoir donné ta vie sur la croix pour mes péchés et d'être revenu à la vie, aujourd'hui et pour toujours.

Je te demande d'entrer dans mon cœur.

Sois mon Seigneur et mon Sauveur.

Aide-moi à te suivre, à t'aimer de tout mon cœur et à te faire confiance chaque jour.

Je veux vivre pour toi et partager ton histoire avec les autres.

Merci de sauver ma famille, mes amis et moi.

C'est en ton nom que je prie. **Amen.**

Merci d'avoir lu!

Cher ami,

Nous espérons que tu as aimé découvrir combien tu es spécial pour Jésus.

Il t'aime plus que tu ne peux l'imaginer - aujourd'hui et chaque jour !

Jésus a dit : « *J'appelle tous les enfants mes amis, car le royaume des cieux leur appartient.* »

Si tu veux en apprendre davantage sur Jésus, parle-Lui dans la prière et partage Son amour avec les autres.

Avec amour et prières de la part de :
Gabe, Esaïe, et Gershom.

www.ingramcontent.com/pod-product-compliance
Lightning Source LLC
Chambersburg PA
CBHW061217070526
44584CB00029B/3870